安全与应急科普丛书

安全生产事故案例分析

"安全与应急科普丛书"编委会　编

中国劳动社会保障出版社

图书在版编目(CIP)数据

安全生产事故案例分析/“安全与应急科普丛书”编委会编. -- 北京：中国劳动社会保障出版社，2022

(安全与应急科普丛书)

ISBN 978-7-5167-5505-1

Ⅰ. ①安…　Ⅱ. ①安…　Ⅲ. ①安全事故-案例　Ⅳ. ①X928

中国版本图书馆 CIP 数据核字(2022)第 144761 号

中国劳动社会保障出版社出版发行

（北京市惠新东街 1 号　邮政编码：100029）

*

北京市科星印刷有限责任公司印刷装订　　新华书店经销

880 毫米×1230 毫米　32 开本　4. 75 印张　95 千字

2022 年 9 月第 1 版　　2025 年 4 月第 3 次印刷

定价：15. 00 元

营销中心电话：400-606-6496

出版社网址：http://www. class. com. cn

“安全与应急科普丛书”编委会

本书主编：李　铭

副 主 编：王露露　王乐瑶

内容简介

党和政府历来高度重视安全生产工作，党中央、国务院就安全生产作出了一系列重要指示批示，尤其是近几年经济面临转型时更是如此。典型安全生产事故案例可以使企业及相关人员获得启示并吸取教训，从而起到事故警示的作用。

本书紧扣安全生产、突发事件应对等法律、法规，通过典型安全生产事故案例，详细介绍了职工在生产过程中应该了解的事故类型及其预防措施。本书内容主要包括物体打击及高处坠落事故案例分析，机械、车辆、起重伤害事故案例分析，触电事故案例分析，透水及淹溺事故案例分析，灼烫事故案例分析，火灾事故案例分析，冒顶片帮及坍塌事故案例分析，放炮事故案例分析，爆炸事故案例分析，中毒和窒息事故案例分析，其他伤害事故案例分析，以及自然灾害引起的安全生产事故案例分析。

本书内容丰富，层次清楚，所选案例针对性强，语言浅显易懂，版式新颖，可用于政府、相关行业管理部门及用人单位开展安全生产知识科普宣传，也可以作为广大职工增强安全生产意识、提高安全生产素质的普及性学习读物。

目　录

第 1 章　物体打击及高处坠落事故案例分析

第 2 章　机械、车辆、起重伤害事故案例分析

第 3 章　触电事故案例分析

第 4 章　透水及淹溺事故案例分析

第 5 章　灼烫事故案例分析

第 6 章　火灾事故案例分析

第 7 章　冒顶片帮及坍塌事故案例分析

第 8 章　放炮事故案例分析

第 9 章　爆炸事故案例分析

第 10 章　中毒和窒息事故案例分析

第 11 章　其他伤害事故案例分析

第 12 章　自然灾害引起的安全生产事故案例分析

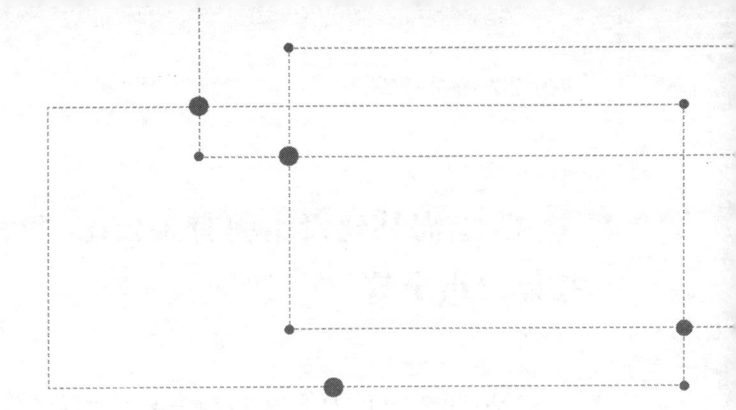

第1章

物体打击及高处坠落事故案例分析

1. 上海某建设工程有限公司“7·19”一般物体打击事故

2020年7月19日8时45分左右，上海某建设工程有限公司（本案例中简称建设公司）在某工地内发生一起物体打击事故，造成1人死亡，直接经济损失达180万元。经事故调查组认定，该事故是一起安全生产责任事故。

（1）事故经过

2020年7月19日6时左右，建设公司的货车到达某工地。8时左右，该公司的收料员曹某对货车进行货物清点，清点完后由卸货员衡某在4号楼西侧进行卸货。8时30分左右，曹某离开卸货点。8时45分左右，曹某听到卸货点传来异响，立即前往现场查看，发现卸货员衡某倒在地上，头部出血，周围有散落的砖石及破裂的安全帽。

（2）应急救援

事发后，建设公司迅速组织救援，救护车到达事故现场后立即将伤者送往上海市某医院进行抢救。经抢救无效，衡某于7月19日12时48分死亡。

（3）事故原因

1）直接原因。卸货员衡某安全防范意识不足，操作不规范，同时对现场的危险因素不了解，导致卸货时不幸被货车上装载的离地垂直高度约 4 米的砖石砸中。

2）间接原因。建设公司对施工现场监管力度不足，风险辨识工作不够充分，未落实安全生产责任制，劳动组织不合理。

（4）事故启示

各行业都存在装卸作业，其过程虽看似简单，但如果作业人员有不安全行为，很容易导致意外发生。在装卸作业过程中，常会发生物体打击事故，造成的伤亡更是惨不忍睹。本案例中，卸货员衡某长时间暴露于危险作业环境中而不自知，操作不规范，且没有及时发现货车上装载高度约 4 米的砖石，导致人的不安全行为与物的不安全状态同时出现，最终酿成事故。这起案例启示从事装卸作业的人员，作业时必须按照技术规定进行，避免因粗心大意而忽视现场危险。此外，企业应安排专人进行现场指挥监督，防止人员单独作业时发生事故。

（5）事故预防措施

在进行装卸作业时，为避免物体打击事故发生，应从以下方面进行预防。

1）进行装卸作业的人员须具备良好的安全知识及安全意识，熟悉装卸车辆构造及装卸工具的使用，相关证件、工具须配备齐全，要正确佩戴劳动防护用品，不得随意脱卸；一旦在作业过程中发现危险因素，须立即停止作业并及时上报处理，不能疏忽大意、视而不见；作业人员还应严格遵守劳动纪律，服从指挥，按照规程办事，对装卸物件要小心搬运和处理。

2）装卸车辆须符合规定，必须满足货物运输需求，相关装卸工具须符合国家标准。凡使用起重机械等装卸设备时，必须确保设备无隐患，劳动防护用品要合规，不得使用违规产品。

3）相关人员应时刻注意周边环境变化，送货车辆进出、前后倒车等应时刻注意路面动态，防止发生事故。

4）企业应对装卸作业制定相关安全技术措施并每年进行一次修改评定，定期对现场进行风险分级管控与隐患排查治理，及时消除隐患，并安排专职人员进行现场指挥监督；在进行装卸作业时须统一口号、信号，加大奖惩力度；加强安全培训和教育工作，关注人员身心健康，及时分发劳动防护用品并要求作业人员佩戴；建立良好的文化氛围，保证各岗位的人员都能落实职责，服从安排。

5）企业应加强创新投入，将装卸技术与人工智能进行结合，使用智能化装卸工具，建立并完善装卸作业检测系统，实现装卸过程全自动化。

2. 扬州某地产项目 B3 一期工程“10・8”一般物体打击事故

2020 年 10 月 8 日 9 时，扬州某实业发展有限公司（本案例中简称实业公司）扬州某地产项目 B3 一期工程发生一起物体打击事故，造成 1 人死亡，直接经济损失达 140 万元。经事故调查组认定，该事故是一起安全生产责任事故。

（1）事故经过

2019 年 8 月 15 日，实业公司与泰兴某建设公司（本案例中简称建设公司）签订总承包合同。8 月 27 日，实业公司与某监理公司签订监理合同。9 月 15 日，建设公司与泰兴某建筑工程有限公司（本案例中简称建筑公司）签订劳务分包合同，将模板、混凝土浇筑、脚手架搭建等项目分包给建筑公司。2020 年 4 月 28 日，建设公司与江苏某节能科技有限公司（本案例中简称科技公司）签订外墙保温施工专业分包合同。7 月 25 日，建设公司又与科技公司签订安全管理协议。10 月 8 日 9 时左右，科技公司外墙保温施工人员庞某佩戴安全帽在 13 号楼 17 层北侧脚手架外侧进行外墙护角时，被头顶上方掉落的物体直接砸中头部，摔倒在 17 层脚手架上。

（2）应急救援

事故发生后，正在 13 号楼 19 层做采光井施工的庞某某、何某听到庞某惨叫声后，立刻下到 17 层与其他工作人员一起用模板将庞某抬上施工升降机送往地面。施工人员王某拨打 120 急救电话，庞某被送往医院进行抢救，9 时 48 分左右到达医院。11 时 30 分，庞某经抢救无效死亡。

（3）事故原因

1）直接原因。庞某所在施工区域上方 13 号楼 19 层脚手架上没有安装安全网，并且庞某忽视现场隐患，在缺失安全网的危险区域作业，导致掉落的物体在没有阻挡的情况下直接击中庞某头部。

2）间接原因

①建设公司对施工现场的安全管理制度落实不到位，提供的事故隐患排查制度直接生搬硬套政府相关部门文件，没有针对施工现场制定具体的隐患排查措施。

②科技公司对施工现场管理不到位，施工现场负责人没有及时了解现场存在的危险因素，安全员对施工现场检查力度不够，检查记录不规范、不全面。

③各级负责人对施工现场情况掌握不够。项目经理对安全员任务分工不明确，项目负责人对 13 号楼脚手架验收、交接情况不了解，安全员没有及时发现安全网缺失问题，现场管理人员没有及时发现并制止庞某的危险作业。

④安全培训力度不够，施工人员没有形成良好的安全意识，安全教育仅仅停留在佩戴安全帽这一层面，没有认识到在缺失安全网的区域下方作业的危险性。

（4）事故启示

高空坠物往往是物体打击事故的一大重要诱因，特别是在建筑施工环境之中，由高空坠物造成的物体打击事故不胜枚举。同样，在日常生活中，由高空坠物造成的伤亡也屡见不鲜。譬如，2021 年 7 月，江西省赣州市一女子就因为被高空坠落的物体砸中不幸死亡。《中华人民共和国刑法》第二百九十一条之二明确规定："从建筑物或者其他高空抛掷物品，情节严重的，处一年以下有期徒刑、拘役或管制，并处或者单处罚金。有前款行为，同时构成其他犯罪的，依照处罚较重的规定定罪处罚。"

通常，高空坠物一般是由人的不安全行为及物的不安全状态造成的。首先，作业人员违规操作可能导致出现高空坠物。比如，在施工过程中随意从高空往下抛掷垃圾、零件、材料等物，如果施工场所没有采取可靠的防护措施，就有可能导致物体直接击中作业人员，造成伤亡。其次，物的不安全状态也会导致高空坠物，如物体或设备设施可靠性降低或因其他自然因素导致坠落。在本案例中，庞某头顶上方缺少安全网，致使掉落物体直接砸中庞某头部，这也意味着施工单位必须仔细检查施工现场是否存在高空坠物隐患，防止因高空坠物导致物体打击事故发生。

（5）事故预防措施

针对高空坠物造成的物体打击事故，可以从以下方面进行预防。

1）进入施工现场的人员必须佩戴合规的安全帽，帽衬和帽壳之间应保持一定间隙并系好下颏带，防止坠落物品将帽子打掉致伤头部。

2）高处作业人员应佩戴好安全带、安全帽等劳动防护用品，作业期间禁止随意向下抛掷工具、材料等物件，平台及脚手架上的材料应绑扎牢固，作业时使用的材料应合理放置，拆卸下的物件、垃圾应及时清理运走，工具应及时放入工具袋中。

3）使用各类手持机具前应仔细检查并确保安全，进行悬空作业时须设置可靠立足点并配置安全设施，对施工现场可能存在物体坠落的洞口、临边平台等都须采取相关防护措施。

4）高处作业点下方应安装安全网，正在施工的建筑物出口必须搭设网棚等设施，相关危险作业区域应设置醒目的警示标志。

5）企业应定期对施工现场进行检查，作业时施工现场应有人进行监督，施工期间禁止非作业人员进入施工现场。企业应设置完善的安全管理机构。

6）企业应对作业人员进行安全教育培训，使作业人员具备良好的安全意识和合格的操作技能。

3. 广东某建设工程有限公司“3・17”一般高处坠落事故

2020 年 3 月 17 日 10 时左右，广东省广州市珠海区新港东路广州某建设运营管理中心项目（本案例中简称管理中心项目）发生一起高处坠落事故，造成 1 人死亡。经事故调查组认定，该事故是一起安全生产责任事故。

（1）事故经过

2020 年 3 月 17 日上午，广东某建设工程有限公司（本案例中简称建设公司）木工班班长胡某安排木工李某、周某和李某某搭设管理中心项目 T3 栋东北侧二层至三层楼梯休息平台模板。9 时 30 分左右，周某和李某某到相邻的楼梯一层进行支模架设，李某独自在楼梯休息平台搭设平台边梁侧模板。10 时左右，周某和李某某听到撞击声响，查看周边后发现李某倒在一层楼梯处，安全帽摔落在一旁。

（2）应急救援

事故发生后，周某和李某某迅速呼救并拨打 120 急救电话和项目部管理人员电话。接报后，项目部管理人员立即赶到事发现场组织救援，大约 30 分钟后救护车到达，医护人员对李某进行紧急处置并送至医院进行抢救。当天 12 时 13 分，李某经抢救无效死亡。

（3）事故原因

1）直接原因。李某违规作业，安全意识淡薄，在高处临边作业时没有佩戴劳动防护用品，没有按照规定紧扣安全帽下颏带，在不慎坠落后没有得到有效保护。

2）间接原因

①事故现场隐患排查治理不到位。相关单位没有采取相应的技术、管理措施及时发现施工现场临边没有设置防护栏杆、高处作业人员没有按照规定正确佩戴和使用劳动防护用品等隐患，没有采取相关手段减少或消除事故隐患。

②专职安全员没有实际到岗履行职责。事发时，建设公司施工人员在 300 人以上，根据规定需要配置 3 名专职安全员，实际配置的 3 名安全员并没有到岗履行职责，致使现场安全管理缺失。

③安全教育培训和安全技术交底流于形式。相关单位以作业人员自行在“新工人入场安全教育等级表”等资料上签名代替安全教育培训和安全技术交底，没有保证作业人员具备必要的安全生产知识，熟悉有关安全生产规章制度和安全操作规程，掌握本岗位的安全操作技能，导致作业人员安全意识

淡薄。

（4）事故启示

高处坠落事故是指由于危险重力势能差引起的伤害事故，此类事故在我国建筑行业频繁发生，被称为建筑行业五大高危事故之一。本案例就是因为作业人员在二层至三层楼梯休息平台作业时没有使用安全带等劳动防护用品，导致事故发生。故而凡是高度在 2 米及以上的作业面，如边缘无围护设施或有围护设施但其高度低于 0.8 米，作业时都需要佩戴劳动防护用品。一般情况下，常见的临边作业主要有 5 种，即尚未安装栏杆的阳台周边、无外架防护的屋面周边、框架工程楼层周边、上下通道斜道两侧边、卸料平台外侧边的作业。这也意味着施工现场高处作业危险区域极多，故而作业人员在作业时必须具备足够的安全意识及安全知识，佩戴好劳动防护用品；企业必须足够重视，加强管理，双管齐下，有效杜绝临边作业高处坠落事故的发生。

（5）事故预防措施

针对临边作业高处坠落事故，可以从以下几个方面进行预防。

1）必须设置防护栏杆及安全网等防护设施。防护栏杆主要由栏杆立柱和上下两道横杆组成，上横杆离地高度为 1.0~1.2 米，下横杆离地高度为 0.5~0.6 米，栏杆应能够承受 1 000 牛的外力撞击，当横杆长度大于 2 米时，应加设栏杆立柱。安全网主要有立网和平网两种：平网为水平安装的网，用于承接坠落的人和物；立网为竖直安装的网，用于阻止人和物坠落。由于立网和平网受力情况不同，因此各方面要求也有所不同，应根据实际情况进行选择和使用。

2）班组长务必提前对作业人员进行安全技术交底，作业人员施工时必须仔细观察和检查作业环境及安全防护情况，严禁拆除和破坏安全防护设施。

3）企业应加强安全监督管理，落实安全生产责任制。教育培训不能流于形式，要做好日常记录工作。应定期对临边作业平台进行检查，发现问题及时整改。

4. 江苏某钢铁集团“8·18”一般高处坠落事故

2020 年 8 月 18 日 8 时 10 分左右，江苏某钢铁集团（本案例中简称钢铁集团）三期装备技改工程矿焦槽设备安装施工现场发生一起高处坠落事故，造成 1 人死亡，直接经济损失达 150 万元。经事故调查组认定，该事故是一起安全生产责任事故。

（1）事故经过

2020 年 8 月 18 日 7 时 20 分左右，胡某向武汉某金属结构制造安装工程有限公司（钢铁公司三期装备技改工程矿焦槽设备安装施工承包单位，本案例中简称安装公司）现场负责人茆某提出自己想在矿焦槽设备安装施工现场干点杂活，茆某便安排胡某在施工现场 27 米平台上清理杂物，然后就下楼去验收设备。8 时 10 分左右，钢铁集团高炉机修工赵某巡检至矿焦槽设备安装施工现场 11 米平台处时发现胡某头朝北、脸朝东躺在地面上，头部附近全是血迹，安全帽摔落一旁。

（2）应急救援

看到胡某发生事故后，赵某立即用手机拨打了 120 急救电话。8 时 20 分左右，120 救护车到达现场，附近工友将胡某抬上救护车后送医救治。胡某最终因抢救无效死亡。

（3）事故原因

1）直接原因。事发后茆某去事故现场进行实地查看，发现 27 米平台上西侧第一个矿槽下斜口预留洞口处的木质盖板部分缺失，缺失的盖板掉落在 11 米平台料井里，据此推断胡某不慎从矿槽下斜口预留洞口处坠落导致死亡。

2）间接原因

①安装公司没有及时对作业人员进行安全教育培训和安全技术交底，安全管理人员没有正确履行职责，日常安全检查流于形式，未能及时发现事故隐患。

②安装公司没有按照要求设置安全警示标志，施工作业预留洞口周边设置的防护设施不合格。

③钢铁集团安全监督管理工作不力，安全巡查不认真，日常安全检查工作流于形式，事故隐患排查整治不到位。

（4）事故启示

本案例中的作业人员安全意识淡薄，冒险作业，在预留洞口附近作业时没有做好防护，企业没有在预留洞口周边设置安全警示标志，最终酿成惨祸。从这次事故可以得出，企业必须对施工现场的“四口”（在建工程的预留洞口、电梯井口、通道口、楼梯口）严加防护，作业人员不得在没有佩戴劳动防护用品的情况下擅自进行作业。

（5）事故预防措施

1）企业应在施工现场的洞口设置防护设施，一般可以使用封口盖板、防护栏杆、栅门及架设安全网等方式。

2）在洞口附近开始作业前，企业应提前对作业人员进行安全教育培训及安全技术交底，并配备相关劳动防护用品，应按照国家、行业相关标准并结合工程实际编制安全技术措施。

3）洞口作业人员应当正确佩戴安全帽、安全带等劳动防护用品，管理人员应加强对安全防护设施的检查，验收合格后方可进行作业。

4）开始作业前，应检查高处作业相关安全设施、工具是否完好。临时拆除或变动安全防护设施时，应采取能替代的可靠措施，作业后立即恢复。

5）在雨、雪、霜等恶劣天气下作业时，必须采取防滑、防冻措施，及时清理作业面上的水、冰、霜，作业人员应时刻注意保护自身安全，真正做到“四不伤害”（不伤害自己，不伤害他人，不被他人伤害，保护他人不受伤害）。

5. 深圳市某村统建楼“6·20”一般高处坠落事故

2019年6月20日7时50分左右，深圳市某村统建楼（本案例中简称统建楼）A2栋510房发生一起高处坠落事故，造成1人死亡，直接经济损失达100万元。经事故调查组认定，该事故是一起安全生产责任事故。

（1）事故经过

2019年5月18日，统建楼A2栋510房业主李某某将排污管安装作业发包给何某某。何某某又将工程转包给李某。6月18日，李某聘请杂工钟某、赵某、赵某某及赵某林4人带着工具和安全带到统建楼5楼进行室内外排污管安装作业，作业前李某口头交代排污管安装的质量要求及施工安全注意事项后就离开了，钟某等4人做了简单分工后便开始进行施工。6月20日7时40分左右，钟某等4人到达施工现场进行排污管安装准备工作，钟某在房内钻孔，赵某某在楼梯间按照设计长度进行切管，赵某林负责将切好的排污管搬到房内安装。7时50分左右，赵某林突然听到一声巨响，跑到窗口查看，发现赵某从5楼坠落到1楼街面。

（2）应急救援

事故发生后，现场人员立即拨打120急救电话，但赵某因伤势过重，经抢救无效死亡。

(3) 事故原因

1）直接原因。事故发生当天作业人员赵某没有采取任何有效安全防护措施，没有正确佩戴安全帽，违规站在禁止站人的空调装饰外架上进行外墙排污管安装作业。

2）间接原因

①无证作业。赵某没有通过安全技术培训，在没有取得高处作业操作证的情况下冒险从事外墙排污管安装作业。

②违法发包。李某某将排污管安装工程发包给不具备安全生产条件和相应资质的个人，违反相关规定。

③无资质承揽工程。何某某、李某不具备安全生产条件却承揽排污管安装工程，致使事故发生。

④安全管理不到位，安全教育培训及安全技术交底缺失。外墙排污管安装作业危险性较大，应该制定相应施工方案并明确作业流程，针对相关危险因素制定措施。但在实际施工过程中，作业人员没有制定施工方案，没有进行安全教育培训，没有对作业环境中存在的安全风险进行辨识并制定相应措施，没有对外墙高处作业进行技术交底，对高处作业人员无证作业的违规行为没有进行阻止。

(4) 事故启示

在周边临空状态、无立足点或无牢固可靠立足点的条件下进行的高处作业，称为悬空作业。建筑施工现场悬空作业主要有以下六大类：构件吊装与管道安装、模板及支架系统的搭设与拆卸、钢筋绑扎和钢骨架安装、混凝土浇筑、预应力现场张拉及门窗安装作业等。本案例中，作业人员在进行外墙管道安装时，没有采取防护措施，踩在不牢固的空调装饰外架上，导致事故发生。经此事故后，相关企业和个人应当吸取教训，企业不得录用无证人员进行作业，不得将施工劳务分包给无资质的单位；作业人员不得冒险作业，不得违规作业，应增强安全意识，做好个人防护，这样才能有效防止事故发生。

（5）事故预防措施

针对不同类型的悬空作业，可以从以下几个方面进行预防。

1）进行任何悬空作业，均须在牢固构件上挂好安全带。

2）在进行构件吊装时，构件应尽可能在地面组装。在进行临时固定、电焊时，必须采取相关安全措施。进行管道安装时，必须要有人监督，必须要在平台上作业，不得擅自站在不合规定处作业，不得无证上岗。

3）在进行模板和支架拆卸时，应按照规定的程序作业，工序与工序之间不得冲突，严禁蹬在连接件和支撑件上，作业时应有稳固的立足点。

4）在进行钢筋绑扎及安装钢筋骨架时，必须搭设必要的脚手架和操作平台，设置安全网，不得在钢筋骨架上随意攀登。

5）进行混凝土浇筑作业时，浇筑离地 2 米以上的框架须设操作平台，不得站在模板及支撑件上作业。浇筑储仓时，必须搭设脚手架，加设安全网。

6）进行预应力张拉作业时，应设置牢固可靠的脚手架或操作平台，雨天张拉时应加设防雨棚，作业区域应设置明显的安全警示牌，禁止无关人员进入现场。

7）进行门窗工程悬空作业时，严禁人员站在阳台板上操作，严禁手扶临时固定的门窗进行攀登。在高处外墙作业时，应铺设安全网，作业人员重心应处于室内。

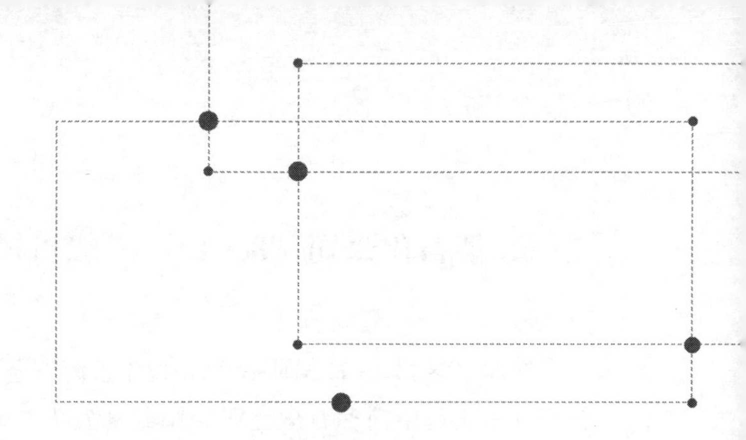

第 2 章

机械、车辆、起重伤害事故案例分析

6. 某石化公司“8·13”一般机械伤害事故

2020 年 8 月 13 日 5 时 42 分，位于上海市金山区的某石化公司（本案例中简称石化公司）腈纶部发生一起机械伤害事故，造成 1 人死亡，直接经济损失达 90.3 万元。经事故调查组认定，该事故是一起安全生产责任事故。

（1）事故经过

2020 年 8 月 13 日 5 时 41 分 57 秒，在操作岗亭内观察的乙班纺丝浴调工倪某，发现 9 号线四辊箱 4 号罗拉发生丝束绕辊，便从东侧工具柜内拿取纺丝刀，到发生绕辊的 4 号罗拉位置，途中边跑边求助现场其他作业人员。5 时 42 分 06 秒，倪某来到 4 号罗拉东侧，用纺丝刀处置缠绕的丝束。5 时 42 分 12 秒，倪某被卷入 4 号罗拉与丝束之间并被带入“三浴槽”内。

（2）应急救援

7 号、8 号线纺丝浴调工顾某听到倪某呼喊后，5 时 42 分 17 秒赶到 9 号线四辊箱处，发现倪某已经被罗拉带入“三浴槽”。5 时 42 分 21 秒，顾某拉下安全急停绳，现场设备停止运行，随后顾某按下现场联系铃通知其他人员并拨打 120 急救电话。5 时 42 分 30 秒，9 号线运转乙班纺丝浴调班班长朱某及现场作业人员陆续赶到现场，先后割断缠绕倪某的丝束，拔出防护栏杆，试图将倪某救出。6 时 09 分，120 医护人员到达现场并确认倪某已死亡。

（3）事故原因

1）直接原因。作业人员在处置严重丝束绕辊时，没有停纺停车且无监护人员，独自使用纺丝刀割丝束导致被卷入罗拉。

2）间接原因

①作业人员安全意识淡薄，忽视现场存在的危险因素，在发现严重丝束绕辊后，没有按照规定进行处理。

②石化公司腈纶部对作业人员的安全生产教育和培训存在薄弱环节，没有认真组织针对异常工况的实操培训，作业人员不具备处置严重丝束绕辊的实操经验及安全操作技能。

（4）事故启示

机械伤害事故是指机械设备与工具引起的绞、辗、碰、割、戳、切等伤害，比如工件或刀具飞出伤人，切屑伤人，手或身体被卷入，手或其他部位被刀具碰伤或被转动的机构缠住等。通常，超过 80% 的机械伤害事故与作业人员违规操作有关，其余近 20% 的机械伤害事故是由机械缺陷和故障引起的。

在本案例中，倪某安全意识不足，没有按照规定处理异常情况，导致事故发生。故而在日常生产活动中，相关作业人员需要明白安全装置及操作规程都是为了保护人员安全而设置的，不能为了贪图一时方便而走“捷径”，需要按照相关规定作业，不能随心所欲，应将自身生命安全放在首位。

（5）事故预防措施

通常来说，对于机械伤害事故，可以从以下几个方面进行预防。

1）必须正确穿戴劳动防护用品。该穿戴的劳动防护用品就必须穿戴，不该穿戴的就一定不能穿戴。比如，机械加工时需要女职工戴防护帽，如果不戴就可能将头发卷入机械设备，导致事故发生。但要求不能戴手套，戴了手套容易将手绞伤。

2）操作前应对机械设备进行安全检查，而且要空车运转一段时间，待确认正常后才能投入使用。

3）机械设备即使在运行中也要按照规定进行安全检查，严禁设备带故障运行；机械设备的安全装置必须按要求调试使用，不能拆掉不用；设备中使用的刀具等应装卡牢固，不能松动。

4）机械设备运转时，严禁用手调整，也不能用手进行测量或润滑等作业。设备运转期间，作业人员不能擅自离开工作岗位。

以上是预防机械伤害事故的基础措施，而针对人员误操作造成的事故，还需要采取以下措施。

1）企业应加强作业人员的素质教育，强化作业人员操作技能，增强作业人员安全意识，提高作业人员应急处置能力。

2）加强隐患治理，提高企业管理水平。牢固树立安全生产红线意识，落实风险分级管控和隐患排查治理，进一步梳理现场安全措施，结合工况实际加强工艺改进和器具管理工作，开展技术攻关，提高设备本质安全化水平。

7. 徐州某机械有限公司“4·10”一般机械伤害事故

2020 年 4 月 10 日 11 时 20 分左右，徐州某机械有限公司（本案例中简称机械公司）筑路制造中心结构件分厂发生一起机械伤害事故，造成 1 人死亡，直接经济损失达 150 万元。经事故调查组认定，该事故是一起安全生产责任事故。

（1）事故经过

2020 年 4 月 10 日 8 时左右，生产调度员马某将生产计划安排给加工工段长单某。8 时 15 分左右，单某将加工两件筒子焊接的工作安排给操作工林某。11 时 12 分左右，林某在操作镗铣床进行加工作业时，机床立柱后退且没有断电，主轴盘铣刀高速旋转运行。林某从控制室右前侧门出来，在机床 z 轴防护罩上躬身清扫铁屑，突然站立时被机床旋转主轴上的盘铣刀缠住后背上的衣服，导致整个身体随着机床主轴旋转并被甩出。

（2）应急救援

事故发生后，其西侧隔壁工位镗床工盛某听到异常撞击声后，立即赶到现场，按下设备急停开关，林某当时处于清醒状态，到场的分厂领导袁某拨打了 120 急救电话。11 时 23 分左右救护车到达现场，将林某送至医院进行抢救。4 月 11 日 7 时左右，林某死亡。

(3) 事故原因

1）直接原因。林某安全防范意识不强，违反操作规程进入运行中的盘铣刀回转半径下方清扫铁屑。

2）间接原因。机械公司没有督促作业人员严格遵守公司制定的安全操作规程，对事故隐患排查治理不细致、不全面、不及时，没有及时发现控制室安全门电气联锁装置失效，没有及时处理现场存在的隐患。

(4) 事故启示

多数机械运转时会伴有高速旋转及线性运动，并常常具备较大的能量，作用于人体时会造成严重伤害。一般机械生产活动中，旋转部件的种类包括发电机叶轮、螺旋桨、鼓风机及搅拌机中的叶片、驱动轮、飞轮、齿轮、机床的带轮和链条等，线性运动部件的种类有大型机床移动工作台、牛头刨床的滑枕、活塞等。

机械设备种类多且伤害类型也多种多样，常见的有挤压、剪切、冲击碰撞、绞伤、卷入、缠绕等。通常，作业人员无法对机械设备及运行环境做到全面控制，但多数情况下可以通过控制自身行为来避免事故发生。在本案例中，作业人员冒险进入危险区域作业，致使衣服被刀具缠绕，作业人员被高速旋转的主轴甩出。这种因人员冒险作业造成的事故屡见不鲜，此时如果作业人员能具备较高的安全意识及操作技能，那么在一定程度上可以减少事故发生概率，从而保障人员安全。

(5) 事故预防措施

针对冒险进入危险区域作业造成的机械伤害事故，可以从以下方面进行预防。

1）在危险区域张贴醒目的警示标志，安装相关检测报警设备，一旦发现人员进入立即报警提醒。

2）提高作业人员安全意识和操作技能。作业人员应该遵守机械设备的安全操作规程，做好个人防护，禁止违规作业。

3）加设安全防护装置。针对做高速旋转及线性运动的机械设备，最好的方法是将人员与机械设备隔离开，杜绝人员暴露于危险环境的情况。可以通过安装防护罩、防护板及防护栏杆避免人员直接接触设备，加强生产环境本质安全化建设，提高机械设备本质安全化水平。

8. 深圳某集装箱服务有限公司“6·6”一般车辆伤害事故

2021 年 6 月 6 日 9 时左右，深圳某集装箱服务有限公司（本案例中简称集装箱公司）D 堆场内发生一起车辆伤害事故，造成 1 人死亡，直接经济损失达 150 万元。经事故调查组认定，该事故是一起安全生产责任事故。

(1) 事故经过

2021 年 6 月 6 日上午，集装箱公司作业人员在 D 堆场实施集装箱搬运、维修作业。9 时左右，理货员彭某站在堆场通道中间，正抬头向南侧集装箱堆垛眺望寻找集装箱。此时，堆高机驾驶员蒋某驾驶堆高机在通道内由东向西行驶，左前轮撞倒彭某并从其身上轧过。

(2) 应急救援

事故正好被距离事发位置100米处的工友阮某看见，阮某立即用对讲机呼喊蒋某，蒋某迅速停车并向现场组长李某报告，李某拨打了110和120求助电话。救护车到达现场后，经医护人员确认，彭某已经死亡。之后，公安局、应急管理局、街道办等相关部门赶赴现场进行处置，经公安局调查及法医鉴定，彭某死亡原因符合车辆伤害死亡，排除他杀。

(3) 事故原因

1）直接原因

①蒋某驾驶堆高机时注意力不集中，没有发现站在道路中间的彭某。

②彭某站在道路中间时，没有注意观察四周情况，没有发现车辆靠近，致使被堆高机撞倒辗轧死亡。

③堆场地面没有设置限速标志、交通标线，堆高机安全警示灯故障。

2）间接原因

①集装箱公司对作业人员安全教育培训和安全技术交底不到位，没有保证作业人员具备必要的安全生产知识。作业人员不熟悉有关安全操作规程，安全意识淡薄。

②集装箱公司的现场安全管理不到位，没有及时发现和消除作业现场存在的事故隐患，也没有及时发现和制止作业人员

冒险违规作业。

③集装箱公司没有落实安全生产责任制，公司管理人员没有全面监督、检查本单位的安全生产工作，没有及时消除事故隐患。

（4）事故启示

车辆伤害是指场内机动车辆引起的伤害事故，如机动车辆在行驶中挤、压、撞车或倾覆事故，在行驶中上下车、搭乘矿车或放飞车所引起的事故以及车辆运输挂钩、跑车事故等。常见的车辆伤害事故主要由人、车辆、道路环境这 3 个因素造成，而在这 3 个因素中，人的因素又是最重要的。绝大多数车辆伤害事故原因都集中在驾驶员身上，通常是由驾驶员违规操作、疏忽大意、技术不够等原因造成的。在本案例中，驾驶员注意力不集中，再加上理货员没有注意周边环境，致使事故发生。这说明作业人员作业时要集中精力，时刻注意观察四周环境变化，防止意外发生。

（5）事故预防措施

预防车辆伤害事故的措施主要如下。

1）场内机动车辆驾驶员必须具备特种设备作业人员证。驾驶员必须经过培训才能上岗，具备足够的安全意识及应急能力，严禁酒后作业，严禁身体不适上岗作业。

2）车辆应申请牌照，并张挂在车辆的前部和后部。

3）路基填筑汽车作业时应有专人指挥，非作业人员禁止入场。发动机没有停止，驾驶员不得离开驾驶室。加强施工道路硬化，定期洒水降尘，避免不良环境对驾驶员产生不利影响。交叉路口设置交通标志，正常作业条件下车辆应限定时速，禁止超车，主要施工道路、路基上禁止无故停车，车辆之间应保持适当车距。

4）建立健全安全生产规章制度，主要负责人应对岗位负责，落实安全生产责任制，确定安全管理人员，遵守安全操作规程。应针对特种设备建立特种设备安全管理制度，特种设备作业人员应对本单位特种设备全面负责。

9. 某建筑工程有限公司“8·28”较大起重伤害事故

2019 年 8 月 28 日 9 时 25 分，郑州市某城中村改造项目 B 地块南院 4 号楼施工工地发生一起起重伤害事故，造成 3 人死亡、1 人受伤，直接经济损失 451 万元。经事故调查组认定，该事故是一起安全生产责任事故。

（1）事故经过

2019 年 8 月 26 日，某建筑工程有限公司（本案例中简称建筑公司）某城中村改造项目部项目安全总监徐某电话通知机械设备租赁中心负责该项目的片区经理刘某，要求对 4 号塔吊进行顶升。8 月 27 日，项目部向某劳务公司下发清场通知书。8 月 28 日 7 时 15 分左右，某塔吊安装有限公司（本案例中简称塔吊安装公司）3 名顶升作业人员刘某某、蒋某、蒋某某到达施工现场，待核查特种设备作业人员操作证及身份证后，刘某及项目部安全员王某对 3 人进行安全教育与技术交底，双方签字确认留存资料。7 时 40 分左右，刘某某等 3 人登上塔吊开始进行顶升作业。开始时，塔吊起重臂前端朝向北方，因安拆人员不足，3 名顶升作业人员都在塔吊上部操作平台，4 号塔吊司机霍某在地面协助挂钩标准节。9 点 10 分左右，4 号塔吊顶升完成 4 节，塔身升至 12 节，准备顶升 13 节时，起重臂突然沿顺时针方向由北向东发生旋转，随后整机失稳倒塌，3 名作业人员从塔吊上坠落。蒋某坠落至 4 号楼西北角基坑内当场死亡，刘某某坠落至 4 号楼西南角基坑壁半坡当场死亡，蒋某某落至升套架平台上的狭小空间内，随同塔吊坠落至车库。塔吊倒塌时，木工彭某在 4 号塔吊东侧偏北约 15 米处查看混凝土模板支撑情况，刚从负一层车库顶板分井预留洞口爬至地下室顶板，听到塔吊倒塌前的响声，在躲避过程中被塔吊起重臂第 2 道拉杆砸中，当场死亡。

(2) 应急救援

事故发生后，4 号塔吊司机霍某立即拨打了 120 急救电话，项目部材料员宋某在发现塔吊倒塌后立即电话通知了项目经理王某，王某第一时间组织启动项目应急预案，并逐级报告事故情况。事故发生后 5 分钟，120、119 人员到达现场开展救援，约 7 分钟后 110 人员到达并封锁现场。

(3) 事故原因

1) 直接原因。塔吊安装公司塔吊顶升作业人员严重违规作业，顶升前没有将塔吊配平，顶升过程中没有保证起重臂与平衡臂的平衡，没有使用回转制动器使塔吊上部机构处于制动状态，未将顶升加高用的标准节在顶升位置起重臂正下方排成一排，致使顶升作业时塔吊上部重心偏离顶升油缸梁位置，起重臂转动导致整机失稳倾覆。

2）间接原因

①塔吊安装公司安全管理严重缺失，相关负责人没有到现场监督指导并开展安全管理工作，专项施工方案技术负责人签字造假，没有按照规定检查现场机械及施工条件，塔吊顶升作业人员配备不足，没有安排专职指挥人员且没有确定塔吊是否处于平衡状态。

②建筑公司对租赁的塔吊没有经过严格检查，现场项目部对塔吊顶升作业管理不力，在安全管理工作上失察失纠。

③某劳务公司现场负责人没有对现场作业人员进行全面清理，其他相关部门及公司机构没有做到安全生产监督全覆盖，对现场施工管理监管不力，没有及时发现施工现场存在的严重违规作业，没有落实安全生产责任。

（4）事故启示

起重伤害事故常指在起重作业时引起的机械伤害事故，主要包括坠落事故、触电事故、挤伤事故、机毁事故及其他事故。根据不完全统计，在事故多发的特殊工种作业中，起重伤害事故数量高，事故后果严重，重伤、死亡人数比例大，应引起有关方面的高度重视。本案例中，起重机发生机毁倾覆事故，致使 3 人死亡，很大程度上是因为作业人员心存侥幸，违规作业，导致不安全行为产生，进而引发事故。这也说明相关作业人员必须要对自己和他人负责，禁止违规作业，严格按照操作规程办事，这样才能降低事故发生概率，防止人员伤亡。

(5) 事故预防措施

1）起重机械设备安装、检测、使用和维修过程中，严禁出现违规作业等不安全行为，加强对作业人员安全技术交底及岗位教育和专业知识培训，不断提高合法守规操控和管理水平。

2）起重机械必须设有安全装置，如超载限制器、过卷扬限制器等，必须严格检验和修理起重机件，建立维护保养、定期检验、交接班制度和安全操作规程，一旦发现问题及时上报并维修更换。

3）起重机运行时，禁止人员随意上下及进行检修作业；起重机悬臂能够伸到的区域禁止站人，吊运物品时不得从有人的区域上空经过，不能对吊挂的物品进行加工，起吊物品不得长时间在空中停留。

4）起重机司机交接班时，应对制动器、吊钩等装置进行安全检查，发现异常及时解决；确认起重机上无人，才能闭合主电源进行操作；工作中突然断电，应该将所有控制器手柄复原，重启时应检查设备是否正常。

5）起重机司机应遵守“十不吊”，即超载或被吊物质量不清时不吊；指挥信号不明确时不吊；捆绑、吊挂不牢或不平衡，可能引起被吊物滑动时不吊；被吊物上有人或浮置物时不吊；结构或零部件有影响安全的缺陷或损伤时不吊；遇有拉力不清的埋置物品时不吊；工作场地光线暗淡，无法看清场地、被吊物与指挥信号时不吊；被吊物棱角处与捆绑钢丝绳之间未加垫时不吊；歪拉斜吊重物时不吊；易燃易爆物品不吊。

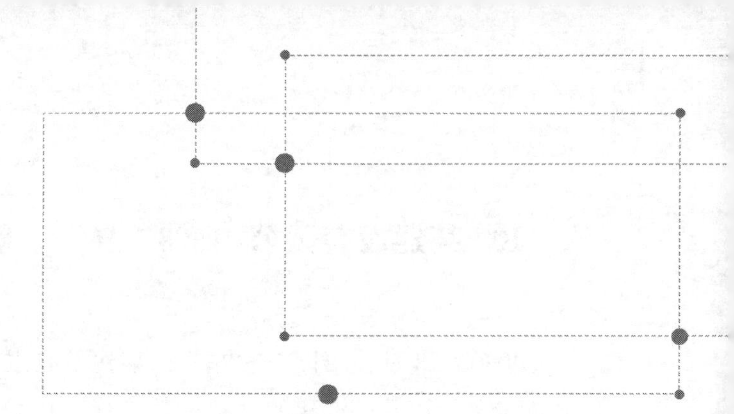

第3章

触电事故案例分析

10. 某建设有限公司“8·16”一般触电事故

2020 年 8 月 16 日 22 时左右，某建设有限公司（本案例中简称建设公司）承建的合肥市某工程一标段项目工地发生一起触电事故，造成 2 人死亡，直接经济损失 370 万元。经事故调查组认定，该事故是一起安全生产责任事故。

（1）事故经过

2020 年 8 月 16 日 19 时左右，安徽某建筑材料有限公司的郑某、陈某、陈某某、张某以及其他 2 名作业人员在事故工地进行一期围挡拆除和二期围挡安装工作，陈某、张某和其他 2 名作业人员负责二期围挡安装，陈某某独自使用角磨机拆除一期围挡，郑某则在工地巡查。因为门卫室空调和工地照明需要用电，项目副经理王某便打电话给项目部专职电工杨某让其送电，杨某随后便闭合二级总配电箱的开关进行送电。22 时左右，陈某某持角磨机拆除围挡至钢模板旁，身体接触到钢模板触电倒地，在场作业人员误以为角磨机带电。之后，陈某将角磨机电源断开，郑某在对陈某某施救时也发生触电。

（2）应急救援

在陈某某触电后，郑某迅速打电话给王某报告，随后郑某对陈某某进行施救，却触电倒下，陈某迅速拨打了 120 急救电话。22 时 15 分左右，王某和宋某、汪某到达事故现场，王某和宋某分别去两边的配电箱断开电源，并通知杨某断开一级配电箱电源。电源断开后约 6 分钟，救护车到达事故现场。王某、汪某和医护人员将陈某某和郑某送往医院进行救治，但陈某某和郑某均因抢救无效死亡。

（3）事故原因

1）直接原因。现场二级总配电箱零线虚接，致使接地保护线不能形成有效回路，电流无法传导入地，接地保护装置处于失效状态。同时，钢模板放置在电缆上，导致电缆护套和绝缘层磨损，电缆内芯与钢模板接触致使电缆通电后钢模板也带电。陈某某在拆除围挡时不慎碰到钢模板触电，之后郑某施救时也发生触电。

2）间接原因

①项目部安排不具备资质的人员作业。钢模板之所以放置在电缆上，是因为项目部安排的不具备资质的人员擅自驾驶叉车，将钢模板随意放置在电缆上，电缆的绝缘层及护套磨损，使钢模板与电缆内芯直接接触。

②项目部安全管理体系混乱。项目部没有按照规定设置临时用电设施，对施工现场用电情况没有及时巡查；违规使用不具备资质的人员驾驶叉车进行特种作业；施工现场管理松散，违规随意放置电缆，且未及时发现钢模板放置在电缆上。

③建设公司没有严格履行安全生产责任，没有有效监督项目部落实安全生产管理制度，没有及时纠正项目部管理松散问题。

④当地政府监管力度不够，对临时用电设施把关不严，没有及时发现现场存在的隐患问题。

(4) 事故启示

触电事故是指电流流经人体从而造成生理伤害的事故。触电事故主要由电流能量造成，对人体伤害可以分为电击和电伤。按照电击时电气设备的状态，电击可分为直接接触电击和间接接触电击；按照人体触及带电体的方式和电流流过人体的途径，电击可分为单线电击、两线电击和跨步电压电击。电伤通常可以按照电流转换形式不同分为电弧烧伤、电流灼伤及皮肤金属化等伤害。

作业现场临时用电应遵循国家、地方及企业的相关标准规范。许多施工现场用电不够规范，电线杂乱、私拉电线、带电作业防护措施不完善等不安全行为经常发生。在本案例中，零线虚接导致电流无法入地，且叉车司机将钢模板随意放置在电缆上，致使人员在施工时触电，酿成惨祸。这起案例时刻警醒着企业和作业人员，应当重视触电危险性，做好必要的防护措施，不能心存侥幸，否则事故一旦发生将造成伤亡和损失。

(5) 事故预防措施

针对施工现场临时用电触电事故，可以从以下几个方面预防。

1）临时用电应该由项目工程师单独编制施工组织设计，定期对临时用电设施进行检查，建立临时用电施工组织设计和安全用电技术措施的编制、审批制度，并建立档案。

2）施工现场应按照国家规定布置临时用电设施，每个电气设备应做到“一机一闸一漏一箱”的要求，线路标识要清晰，线头要整洁，各配电箱要有门有锁，采用的电气设备应符合国家标准规定，配电室要符合“四防一通”的要求，室内应备有电气灭火消防用具及其他安全用具。

3）施工现场线路布置应符合施工现场临时用电配电线路的安全要求，如电缆线路应采取埋地或架空敷设，严禁地面明设，并应避免机械磨损，在建工程内电缆线路要采用电缆埋地接入等。

4）建立技术交底和安全检查制度，加强电气设备日常维护和检修工作，建立维修记录，健全安全用电责任制，施工单位及企业应定期对现场用电情况进行检查评比。

5）定期组织作业人员开展安全用电教育和技能培训，通过安全教育培训考核和技术交底，使作业人员掌握安全用电基本知识。积极开展防触电应急演练，不断增强作业人员安全意识，提高应急处置能力及自救、互救能力。

11. 深圳市某光电科技有限公司“4·11”一般触电事故

2021 年 4 月 11 日，深圳市某光电科技有限公司（本案例中简称科技公司）发生一起触电事故，造成 1 人死亡、1 人受伤。经事故调查组认定，该事故是一起安全生产责任事故。

（1）事故经过

2021 年 4 月 10 日，科技公司设备工程师杜某通过微信联系李某让其负责科技公司电源线路维修、插座安装等项目。4 月 11 日 16 时 30 分左右，李某到现场查看后与杜某口头协定项目价款与其他细节，没有签订合同。在确定价款后，李某开始对项目进行作业，其助手吕某负责在仓库传递工具。18 时 20 分左右，李某安装气管接头时需要电源，吕某便前往配电箱处将第一排开关全部打开。18 时 30 分左右，气管接头安装工作准备完毕，即将进行车间机器接线作业，李某让杜某去购买需要的电源线。19 时 20 分左右，杜某将买回的电源线交给李某，李某重新到天花板上进行接线作业。作业过程中，李某不慎碰到带有危险电压的裸露接线头，杜某发现后立刻将第一排开关断开并跑回车间查看李某情况。吕某发现李某昏倒在天花板上，便迅速给李某做人工呼吸，抢救过程中，二人从高度为 2. 87 米的天花板坠落到地面。

(2) 应急救援

杜某在关掉开关后迅速拨打 120 急救电话并及时通知公司负责人，在救护车到达现场后李某已经死亡，医护人员随后将重伤的吕某送往医院抢救，经救治后吕某出院。

(3) 事故原因

1）直接原因

①李某没有取得电工证，作业时没有佩戴任何劳动防护用品，在检修天花板吊顶机床设备线路时没有采取有效断电、验电措施，没有设置“禁止合闸”等标识，接线过程中与带有危险电压的接线头接触导致触电。

②吕某救人心切，应急处置不当，致使天花板坍塌，二人从天花板上坠落。

2）间接原因

①科技公司未落实安全生产责任制，擅自让无证人员李某上岗作业。

②科技公司主要负责人没有及时检查单位的安全生产工作，没有审核李某的电工证，没有及时消除事故隐患。

③科技公司设备工程师杜某没有落实自己的岗位职责，未及时审核李某的电工证。

（4）事故启示

在进行带电作业时，无证上岗的作业人员始终是一个巨大隐患。许多无证作业人员常认为凭借自己的从业经验就可以进行带电作业，但是他们经常容易忽视一点，即使是经过专业培训且取得相关操作证的电工都免不了发生触电事故，更何况是仅凭经验作业的他们。本案例就是一个鲜明的例子，李某无证上岗，科技公司没有及时审核，导致发生触电事故，而李某的助手没有相关应急技能，盲目施救，最终二人一死一伤。这起案例不仅警示企业不能招用无证电工，也在警示取得证书的电工及仍在无证作业的“电工”，禁止无证作业，在作业时要严格做好防护措施，坚持“安全第一、预防为主、综合治理”的安全生产方针，要提高警惕，按照规定作业，防止触电事故发生。

（5）事故预防措施

针对带电作业时的触电事故，可以从以下几个方面预防。

1）企业禁止招用没有取得相关操作证的“电工”，电工入职前应接受相关培训及安全教育，树立安全意识，拆卸和装配电气设备时操作要平稳，用力应均匀，防止损坏电气设备。

2）上岗前电工必须按照规定穿戴好劳动防护用品，在安装或维修电气设备前必须除尘，工作前必须检查相关工具及仪器是否完好。

3）检修电气设备时必须先切断电源并确保电气设备不带电，断开电源开关后必须挂上警告标志。电气设备拆除送修时，对可能带电的线头必须用绝缘胶布包好并设置接地保护装置。

4）作业完成后需要清理现场，修理后的电气设备应摆放整齐，做好电气设备故障记录。

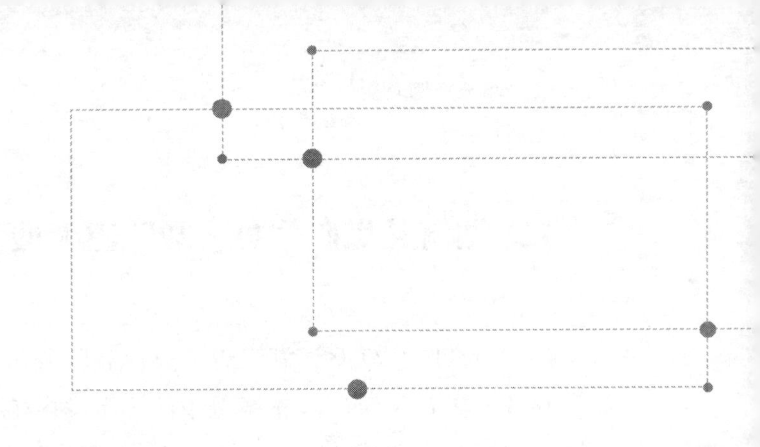

第 4 章

透水及淹溺事故案例分析

12. 湖南某煤矿“11·29”重大透水事故

2020年11月29日，湖南省某煤业有限公司（本案例中简称煤业公司）某煤矿（本案例中简称事发煤矿）发生一起重大透水事故，造成13人死亡，直接经济损失3 484万元。经事故调查组认定，该事故是一起安全生产责任事故。

（1）事故经过

2020年11月29日7时，事发煤矿矿长王某主持召开调度会，副矿长谢某、张某等人参加会议。8时，包工头周某在7煤一上山维修巷道，董某、刘某、谭某3人到达-500米水平查看工作面情况，之后留下谭某负责放煤，董某和刘某前往运输巷推车。11时30分，董某从-500米水平大巷推空矿车至距6_1煤一上山口约10米处，看到大量煤和水从里面冲出，湍急的水流瞬间涌至董某膝盖，董某立即向-500米水平大巷逃生，并大声呼喊警告工友。-500米井底车场挂钩工王某某听见喊声后也立即向上逃生。两人逃至-230米水平处立即向调度室值班员赵某报告事故情况，并自行升井。在-290米水平作业的人员接到调度室电话后也全部自行安全升井。

（2）应急救援

14时50分，湖南省矿山救援白沙大队白山坪中队先期到达事发煤矿开展救援工作。18时50分，成立以副省长为总指挥的事故现场指挥部，迅速调集白沙、衡阳、邵阳等8支矿山救护队与煤业公司救援队伍、消防救援力量、电力公司，以及省、市、县三级政府应急系统等共计 1 000 余人参与救援；协调邻省江西矿山排水站、国内排水设备生产厂家进行排水设备支援。至 12 月 3 日 13 时，事发煤矿积水排至-500 米水平，4 个煤矿累计排水量达 35 900 立方米。12 月 3—6 日，在事发煤矿-500 米水平进行清淤搜救工作。至 12 月 8 日 23 时，先后进行侦察搜救 4 次，搜寻到 5 名遇难人员。12 月 17 日，事故救援工作终止。

（3）事故原因

1）直接原因。事发煤矿超深越界在-500 米水平 6_1 煤一上山巷道式开采急倾斜煤层，在矿压和上部水压共同作用下发生抽冒，导通上部煤矿-350 米至-410 米采空区积水，老空积水迅速涌入事发煤矿-500 米水平，并迅速上升稳定至-465 米水平处。

2）间接原因

①事发煤矿非法开采国家资源，隐瞒超深越界行为，篡改巷道真实标高，对抗政府部门监管，在煤矿安全生产许可证注销、未取得技改手续情况下以整改之名违法组织生产，违章指挥、冒险蛮干。作业人员心存侥幸，在事故 1 小时前明显出现透水征兆后继续作业。事发煤矿安全管理混乱，主体责任不明确，没有配备相关安全管理人员，违规申领、使用和存放火工品。

②位于事发煤矿上部的煤矿矿井主、副斜井直接落在未划定矿权的国家资源区域，在煤矿安全生产许可证注销后仍然违法组织生产，矿井下有 6 处越界巷道与周边矿井连通，造成采

掘混乱，采空区积水达4.2万立方米依旧没有及时排放造成严重水患。

③政府相关部门安全检查走过场、搞形式，未履行煤炭资源监管职责，煤矿安全监管工作不到位，对火工品审批管理把关不严，没有正确处理安全与发展的关系。

（4）事故启示

透水事故是指矿山、地下开采或其他坑道作业时，意外水源带来的伤亡事故，一般主要包括井巷与含水岩层、地下含水带、溶洞或与被淹巷道、地面水域相通时涌水成灾的事故。透水事故一般来势凶猛，常会在短时间内淹没坑道，给矿山生产带来危害。而在富水、充水的矿区及顶、底板有较厚高压含水层分布的矿区常易发生矿井透水。导致透水事故发生的原因有很多种，主要原因有地质条件不明，未查清含水层或老窑、老窿，以及经验不足导致不能及时发现透水预兆。在本案例中，造成透水事故的原因是违规开采，致使积水过多涌入井巷造成人员伤亡。通过此次事故教训，矿山企业应当加强管理，严禁违法组织开采，严格落实煤矿水害防治措施。

（5）事故预防措施

针对煤矿透水事故，主要的预防措施如下。

1）坚持“有疑必探，先探后掘”方针，在遇到透水主要征兆时，必须立即向领导或调度室报告，并从水害危险区域撤出。常见透水主要征兆如下：工作面变潮湿，顶板滴水、淋水，岩石膨胀，底鼓，矿压增大，片帮冒顶，支架变形，有水叫声，煤层挂汗、挂红，工作面有害气体增加、空气中有臭鸡蛋味等。

2）煤矿探水作业应提前进行探水设计，探水工作面应加强支护，定期清理、检查和维护排水设备，清挖水沟和水仓；运用合适的探水技术措施，一般在水头低的老空水及水头高的区域采用分段下行探水法，降低危险性；探水时应确定钻孔布置及钻孔数目，设置至少 20 米的安全超前距离，提前做好排水工作准备。

3）健全煤矿作业人员培训机制，提高作业人员安全生产意识，加强教育培训，定期进行安全事故演练及事故隐患排查工作；加强煤矿水文地质观测工作，提前做好雨季防洪排水工作，施工时注意井下可能存在的溶洞和陷落柱。

13. 广东某隧道“7·15”重大透水事故

2021 年 7 月 15 日 3 时 30 分，位于珠海市香洲区的某右线隧道在施工过程中发生一起重大透水事故，造成 14 人死亡，直接经济损失 3 678.677 万元。经事故调查组认定，该事故是一起安全生产责任事故。

（1）事故经过

2021 年 7 月 14 日 18 时 29 分，爆破作业人员在右线隧道掌子面 RK2+015.8 处进行爆破施工，作业完成后离开隧道。18 时 55 分开始清渣出土，后因停电而中止。7 月 15 日 1 时 52 分恢复清渣作业，至 2 时 35 分清渣完毕，但在此之后始终未进行喷锚支护。2 时 35 分，作业人员离开，仅剩劳务杂工袁某在洞内抽水，袁某发现少量滴水掉渣现象。3 时 23 分，劳务带班人员欧阳某某进入右线隧道，2 人同时发现拱顶位置持续滴水掉渣，水流逐渐变大。3 时 28 分，拱顶位置突然一次性掉落约 0.5 立方米的砂石土，2 人紧急撤离。3 时 30 分，右线隧道拱顶发生坍塌冒顶，大量水涌入右线隧道并通过 1 号车行横通涌入左线隧道。3 时 35 分，在左线隧道作业的宋某等人发现有水涌入，立即呼喊正在左线隧道掌子面作业的 16 名作业人员撤离。

（2）应急救援

3 时 40 分，现场管理人员立即向现场施工负责人报告隧道内有作业人员被困。3 时 42 分，为防止洞内发生触电事故，项目人员迅速切断电源。3 时 49 分，项目部救援人员驾驶装载机进入左线隧道救援。4 时 06 分，项目经理向公司报告，公司立即成立应急救援领导小组，调集珠海周边救援队伍赶赴珠海参与抢险救援。4 时 29 分，消防救援车赶到现场。7 时，珠海市成立现场救援指挥部，珠海市各支救援队伍陆续抵达现场。11 时，广东省现场救援总指挥部成立。15 时 30 分，广东省应急管理厅协调的广州、深圳、佛山等周边 8 支救援队伍到达现场，广东消防救援总队调集的救援力量也相继到达。17 时，应急管理部紧急调动国家隧道救援昆明队、湖南邵阳矿山救护队增援。经过持续不间断的搜救。7 月 19 日，救援人员发现 2 名遇难人员；7 月 20 日，发现 1 名遇难人员；7 月 21 日晚，发现 10 名遇难人员；7 月 22 日，发现最后 1 名遇难人员。至此，14 名被困人员已全部找到并确认遇难。

（3）事故原因

1）直接原因。隧道下穿过水库时遭遇富水花岗岩风化深槽，在未探明事发区域地质情况、未超前地质钻探、未超前注浆加固的情况下，采用不当方式掘进开挖和支护，导致右线隧道掌子面拱顶透水。

2）间接原因

①单位施工风险管控措施落实不力，未严格执行危大工程（危险性较大的分部分项工程）专项施工方案，没有严格按照设计和安全规范要求施工，专项应急救援演练缺失，应急救援设施配备不足，没有依法履行安全生产责任制，没有建立健全安全生产规章制度。

②当地政府及有关部门监管不力，没有配备专业人员对涉事隧道进行严格监督，检查流于形式，执法不严，安全发展理念不牢，红线意识不强，落实党政领导干部安全生产责任制不到位。

（4）事故启示

隧道透水事故大都是支护不当造成的，因我国多数隧道都修建在崇山峻岭之中，地质结构复杂多变，极易受到不可预见性因素影响，而隧道开挖又会造成周围岩体松动和应力重分布，改变地下水径流路线，致使地层出现不均匀沉降并发生滑移现象。如果隧道施工支护不稳定，喷射混凝土和防水板就无法紧密接触，防水板容易撕裂导致透水事故发生。在本案例中，作业人员在施工时采取不当的开挖和支护方式，致使突泥涌水，造成人员伤亡。故而在隧道开挖过程中，需要把安全放在首位，严格按照规范作业，及时发现问题，消除事故隐患，才能保障施工安全及质量。

（5）事故预防措施

针对隧道透水事故，主要应从以下方面进行预防。

1）施工前应开展地质水文探测工作，建立科学、合理的施工方案，开发隧道开挖新技术、新方法，建立完善的事故应急预案。

2）施工过程中应加强现场管理，定期对施工机具进行检查。加强防治水工作，当出现透水征兆时，应果断采取措施，待确认安全后再进行施工，严禁冒险作业。施工期间应做好测量工作，及时更新地质水文信息，做好水害分析预报，做好当地降水量及地表水、地下水计算预测工作。作业人员应严格按照操作规程作业，不能违规作业。应按照实际情况优化施工方案及技术规程，禁止随意更改施工方案。

3）企业应加强现场管理，做好支护工作，定期对施工现场进行检查，对高地热区域做好降温工作，切实关注作业人员身心健康；企业还应落实安全生产责任制，落实施工现场风险管控措施。

14. 扬州市某综合服务有限公司“12·31”一般淹溺事故

2017 年 12 月 31 日 21 时 30 分左右，扬州某国际码头有限公司（本案例中简称码头公司）3 号码头发生一起淹溺事故，造成 1 人死亡，直接经济损失 126 万元。事故调查组认定，该事故是一起责任事故。

(1) 事故经过

2017 年 12 月 30 日，扬州市某综合服务有限公司（本案例中简称服务公司）接到调度室的煤炭清舱作业任务。12 月 31 日 21 时左右，服务公司队长王某安排装卸工江某、宋某、胥某 3 人将装载机吊运到停靠在码头公司 3 号码头的新长江 06046 号轮船，江某为门式起重机吊装指挥员，宋某在岸上给装载机挂钩，胥某下舱给装载机解钩。21 时 30 分左右，3 人同时到达 3 号码头，宋某在码头上给装载机挂钩，江某按照指定线路沿固定上下船舱扶梯到船上指挥门式起重机将装载机吊到船舱。21 时 40 分，江某发现胥某没有按计划到船上，遂向上级报告。

(2) 应急救援

接到报告后，相关人员立即赶到 3 号码头，调取监控录像，发现胥某身影在 21 时 32 分出现在 3 号码头的东南角，并有沿着码头二层平台上下洞口向下走的动作，于是开始搜寻。22 时 30 分左右，搜救人员在离 3 号码头下游 50 米的地方，发现疑似胥某的救生衣，服务公司立即联系组织打捞并向市安监局及水上公安分局报案。2018 年 1 月 1 日 9 时 30 分左右，胥某的尸体在 3 号码头预留洞口附近被打捞上岸。

(3) 事故原因

1）直接原因。服务公司装卸工胥某未按操作规程使用设置好的上下船舱扶梯登船，而是从3号码头东南角的二层平台上下洞口楼梯下行，进而导致落水，且救生衣没有扎紧扎牢。

2）间接原因

①服务公司安全管理不到位，缺少危险作业相互监督及夜间作业人员上下船安全保障措施，没有及时教育、监督人员正确佩戴劳动防护用品。

②服务公司对作业人员教育培训不到位，没有保证作业人员具备必要的安全生产知识和临水作业安全技能，没有使作业人员熟悉有关安全生产规章制度及安全操作规程。

（4）事故启示

淹溺事故指因大量水经口、鼻进入肺内，造成呼吸道阻塞，发生急性缺氧而窒息死亡的事故，常包括船舶等在航行、作业时发生的落水事故等。通常，造成淹溺事故的原因主要如下：工作时站位不当，不慎掉入水中；作业现场存在事故隐患，缺乏防护措施，致使人员掉入水中。淹溺事故极易发生在港口码头的临水作业及下水作业，本案例中的作业人员就是在工作时没有做好个人防护导致落水。从这起事故中可以看出，各企业应该加强现场管理，严格审查现场隐患情况，避免人员落水而发生淹溺事故。

（5）事故预防措施

1）加强码头临水及下水作业时安全防护设施的管理、维护、检修、更新等，设置警示标志，避免作业人员视线受阻或因安全防护设施破坏导致淹溺事故。

2）做好作业人员个人防护及防滑措施，现场需要设立专职人员巡视监督，所有作业人员必须服从现场监督人员管理，夜间应配备足够的照明设备。

3）企业应及时对作业人员进行安全教育及水上作业教育培训，鼓励作业人员掌握游泳技能，要求作业人员必须掌握相关应急技能；加强安全管理，定期对现场进行检查巡视，及时清点人数，完善应急预案，做好隐患排查治理工作。

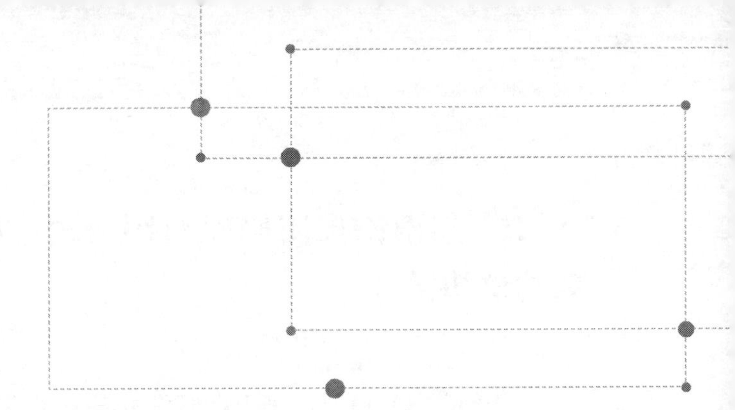

第 5 章

灼烫事故案例分析

15. 某钢铁集团修建有限公司“6·20”一般灼烫事故

2019年6月20日，某板材股份有限公司炼钢厂7号转炉发生一起灼烫事故，造成2人死亡，直接经济损失达200万元。经事故调查组认定，该事故是一起安全生产责任事故。

（1）事故经过

2019年6月20日，炼钢厂7号转炉开始进行定期检修作业。7时30分，检修负责人张某主持召开炼钢作业点检组例会。8时40分，7号转炉停炉清空并翻转炉体，回收作业区调度王某某安排余热工段丙班班长王某关停气化系统并开始排放烟罩和管道里的水及水蒸气，同时炼钢作业区点检员门某到转炉22.5米平台处向某钢铁集团修建有限公司（本案例中简称修建公司）机检一队维保工段二钢作业区钳工李某和刘某某明确了更换烟罩防堵装置垫片的具体部位。之后李某指派刘某某到备件库取维修用螺钉。门某带领李某下到15.6米平台处打开排污阀，交代李某要等回收作业区管道排空指令再一起进行维修。之后门某就去安排其他项目，李某独自返回22.5米平台。9时20分左右，炼钢作业区责任工程师黄某在中控室发现有大量水从门上流下，打电话给门某询问原因。门某从40米平台下来发现水是从22.5米平台处流下，黄某赶到现场看到李某坐在地上，外表被烫伤，经询问得知刘某某被高温水汽隔在烟罩防堵装置内侧。

(2) 应急救援

事故发生后，由于现场存满高温水汽，黄某同维保工段段长林某向烟罩防堵装置内侧冲了三次才冲进去，林某进去后发现刘某某侧卧在地面，马上呼喊黄某救人。9 时 50 分左右，救护车赶到事故现场，刘某某经抢救无效死亡。李某被送往医院进行救治，7 月 15 日 17 时死亡。

(3) 事故原因

1）直接原因。修建公司机检一队维保工段维修作业焊工刘某某、钳工李某在没有得到管道排空指令的情况下，违规切割烟罩防堵装置顶盖上的螺钉，造成管道内高达 148 ℃的高温水汽在 3.9 千帕的压力作用下冲开密封垫伤人。违规审批动火票，擅自动火作业，是导致事故发生的直接原因。

2）间接原因

①修建公司执行安全生产管理制度不严格，对检修作业人员安全教育不到位，对特种作业检查管理存在漏洞。检修作业人员安全意识淡薄，对危险作业环境防范不足，没有得到指令就擅自作业。三级动火作业审批不严格，公司违规作业长达一年之久。

②炼钢厂没有严格落实安全指导书及标准化作业中明确规定的安全防范措施，未及时发现并有效制止检修作业人员违规动火，安全检查、安全监护不严格，没有对危险作业环境实施严格的管理。

(4) 事故启示

灼烫事故指强酸、强碱溅到身体引起的灼伤，因火焰引起的烧伤，因高温物体（固体、液体、气体）引起的烫伤及因放射线引起的皮肤损伤等事故。在炼钢生产过程中，如果作业人员在工作过程中没有穿戴劳动防护用品，那么一旦发生违规操作等不安全行为，很容易造成灼烫事故。本案例中，作业人员没有得到指令就进行作业，造成水汽冲出，致使人员伤亡。通过此事例可以看出，作业人员应牢固树立安全意识，合理佩戴劳动防护用品，必须按照指令操作，才能有效避免灼烫事故发生。

(5) 事故预防措施

针对此类灼烫事故，可以从以下几个方面进行预防。

1）物料（如液态熔融金属、蒸汽等）在高温状态下，流动性好，容易引发灼烫事故。要充分辨识此类危险源并制定相应的安全防范措施，完善相应的安全操作规程，严禁冒险作业。

2）要针对金属冶炼、轧制、加工、发电、化工行业等易出现高温、高压危险环节的特点，加大设备设施的维护管理，加强劳动防护用品的使用监管。

3）规范铁水、钢水等高温熔融金属的作业管理，培养作业人员养成良好的习惯，不可因天气炎热而不使用劳动防护用品，不可因贪图方便而冒险作业。

16. 宁波市某机械加工有限公司“2·11”一般灼烫事故

2019年2月11日6时31分左右，宁波市某机械加工有限公司（本案例中简称加工公司）588号熔炼车间发生一起灼烫事故，造成1人死亡、1人受伤，直接经济损失250万元。经事故调查组认定，该事故是一起安全生产责任事故。

（1）事故经过

2019年2月2日，加工公司588号熔炼车间准备将7号熔炼炉内的铝水放空，停止熔炼作业。厂长包某认为空炉冷却速度快，便让作业人员将铝液放空后向熔炼炉投入10余吨铝边角料。2月3日，包某见又有投料空间，便又让作业人员投入10吨左右铝边角料。2月3日16时，作业人员放假。2月10日23时左右，熔炼车间复工。2月11日0时左右，车间主任符某来到车间进行点火作业，当日3时离开。熔炼车间原材料追溯系统监测数据显示，点火时7号熔炼炉内铝液（实为固体铝料）温度为365 ℃，炉膛温度为436 ℃，点火升温后，至6时30分，铝液温度上升至490 ℃左右，炉膛温度上升至733 ℃，固体铝料上层已经熔化形成铝水层。此时，熔炼操作工龚某通过控制箱将7号熔炼炉电动炉门部分开启，先检查炉内情况，然后站在炉门前将一把用于清理炉门外残留炉渣、炉灰的铁耙放入炉门内搅拌。6时31分，热浪携带火焰及部分铝液从炉门内喷出。

(2) 应急救援

热浪喷出后，龚某身上着火，受伤倒地，车间灰尘弥漫，能见度极差。王某刚好走到车间中部，距离炉门约10米，也被喷出的热浪引燃衣物，王某惊慌之下跑向车间后方，由于车间后方是墙体没有通道，王某又回身从1号和2号熔炼炉之间的间隙逃到车间外部，倒在熔炼车间相邻的回料区门口。事故发生后，作业人员杨某等人急忙赶往7号熔炼炉查看情况，只发现龚某，立即拿灭火器将龚某身上的火扑灭，拨打120急救电话，将龚某送往医院急救。车间主任符某听闻后急忙赶到车间，清点人数后发现少了王某，于是开始寻找，一直到8时左右才发现王某，随后将王某紧急送往医院，王某最终因抢救无效死亡。

(3) 事故原因

1）直接原因。2月2日，7号熔炼炉停止工作后，作业人员分两次向炉内投料。利用炉内余热熔炼产生的铝水和固体铝料混杂，上层铝水覆盖固体铝料，底部的固体铝料浸在铝水中，中间为未熔化的、不规则的固体铝料，炉内温度逐渐降低，铝水逐渐冷却凝固，炉内铝料部分形成内部含有空腔的铝块。2月11日，7号熔炼炉点火升温开始工作后，炉内原有的含有空腔的铝块受热膨胀，压力增大。龚某在熔炼炉未达到精炼温度且未关闭燃烧器的情况下，将铁耙伸入铝料中搅拌，捅破空腔，热气瞬间释放，携带火焰和少量铝渣从炉门口喷出。

2）间接原因

①熔炼操作工在没有按操作规程要求且没有穿戴相应劳动

防护用品的情况下违规作业。现场安全管理人员对存在较大风险的操作环节未履行现场安全看护职责，对存在的没有穿戴劳动防护用品的隐患问题失察，没有履行安全教育职责。

②企业安全生产主体责任履行不到位，安全管理制度执行不严格，安全教育培训缺乏针对性，对较大风险工艺环节认知不足，相应安全管理制度不健全，应急措施制定不完善。

（4）事故启示

火焰烧伤造成的灼烫事故在金属冶炼、石化等行业极其常见，火焰常常会造成比较严重的烧伤，同时如果在衣物着火后惊慌奔跑、呼救，极大概率又会造成吸入性损伤。本案例中，王某在身上衣物着火后惊慌失措，在第一时间并没有想到灭火，反而是乱跑，最终因为跑的地方太过偏僻，错过救援致死。反观龚某，他先于王某被烧伤，但因为昏迷晕倒在地反而获救。通过此案例可以得出，一旦发生事故，受害人员不能惊慌失措，应冷静下来，要迅速想到如何才能自救以及如何能让救援人员第一时间发现自己，而不能像王某一样，惊慌失措下不仅没有自救，反而还错过救援人员施救，最终酿成惨祸。

（5）事故预防措施

针对此类灼烫事故，可以从以下几个方面进行预防。

1）做好基础防火工作。应根据相关规定对生产车间进行布局，设备选型、选材、布置、安装都应该符合有关规定，同时应加强防火安全设施的建设，按照相关设计安装灭火器等消防设施。

2）提高生产技术水平，制定符合规范的操作规程，加强对作业人员操作纪律的培训，提高作业人员职业素质及应急技能。建立事故应急预案，定期进行应急演练，提高作业人员在事故状态下的应变能力。

3）加大防火装置的投入，增加阻火设备、火星熄灭器、消防自动报警装置等设备，定期组织专业人员对设备设施进行检查，发现问题及时上报维修解决，加大风险管控力度。

4）落实安全生产责任制，加大对作业人员的监督力度，要求作业人员作业时必须使用劳动防护用品。企业应掌握现场作业情况，及时制止作业人员的违规作业行为。

17. 某公司氟聚厂“4·29”一般灼烫事故

2017 年 4 月 29 日，某股份有限公司氟聚厂二车间 R125 装置发生一起灼烫事故，造成 1 人死亡、1 人受伤，直接经济损失 153 万元。经事故调查组认定，该事故是一起安全生产责任事故。

（1）事故经过

按照 R125 装置的检修计划，2017 年 4 月 28 日中午，工艺负责人吴某安排催化剂循环泵维保任务，机械员涂某开具维保证明书，工艺员蔡某填写危险辨识及工艺安全措施，胡某负责安全措施落实。4 月 28 日晚上，胡某独自进行安全措施落实工作，关闭循环泵进出口阀（2 个进口阀、2 个出口阀），脱开循环泵入口处导淋后的法兰，用一个塑料桶装盛催化剂。因气味较大，胡某离开了 5 分钟，回来后，胡某发现导淋已不再流出催化剂，就认为循环泵内催化剂已经排空。循环泵入口处设置有压力表，胡某在排催化剂前后看过压力表读数，均为 80 千帕，就误认为压力表损坏。

4 月 29 日 8 时许，胡某带检修人员到现场进行交底确认，明确待检修的设备后离开。作业人员卢某、谢某随即开始循环泵检修作业。谢某确认了循环泵进出口阀关闭、导淋打开后，二人就开始穿戴防酸服、防酸面罩等劳动防护用品，在没有观察压力表的情况下开始拆循环泵进口处法兰上的螺栓。螺栓拆完后，需要用撬棍将循环泵接口撬开，于是谢某去找撬棍。此时，二人由于天气炎热将防酸服、防酸面罩等劳动防护用品脱掉。9 时许，谢某找来撬棍后，与卢某半蹲在循环泵旁，用撬棍将循环泵撬开。撬开的瞬间，催化剂喷出并溅到二人身上，催化剂中的氢氟酸析出，冒出大量白烟。

(2) 应急救援

事故发生后，卢某和谢某立即脱去衣服进行冲洗。二车间安全员陈某发现事故后，立即取用六氟灵对卢某和谢某进行救治。9 时 08 分，工艺员钱某等人使用附近消防水带、消防炮对装置泄漏点进行喷淋。9 时 10 分，调度员吴某某接到现场报警后，立即拨打急救电话。9 时 20 分，救护车到达现场，将二人送往医院救治。9 时 35 分，胡某和二车间巡检员李某某穿戴劳动防护用品进行现场检查，发现循环泵拆开处一直有物料流出，随即对泄漏点进行盲板封堵。10 时 30 分，现场泄漏点封堵完毕，事故未造成进一步扩大。当日 11 时 50 分，卢某因抢救无效死亡，谢某经过救治逐渐恢复。

(3) 事故原因

1）直接原因。R125 装置内一直存在腐蚀性催化剂，在进行检修作业前没有按要求排净。检修人员在拆卸循环泵时，擅自脱掉防酸服、防酸面罩等劳动防护用品，致使泵内带有腐蚀性的剧毒催化剂喷溅到检修人员身上。

2）间接原因

①卢某、谢某安全意识淡薄，在明知作业时需要穿戴防酸服、防酸面罩等劳动防护用品的情况下，心存侥幸，未按要求穿戴。胡某责任心不强，虽然做出排出催化剂的操作，但在明显存在异常的情况下没有继续确认是否排完，也没有上报，致使催化剂没有排净，形成危险作业环境。

②现场负责人没有履行安全职责，在作业当天没有前往催化剂循环泵处进行检查确认；氟聚厂安全生产管理存在缺陷，安全设备维护、保养制度没有落实，检修作业中安全措施没有落实。

(4) 事故启示

化工生产经营单位在生产、使用、储存、运输、经营危险物质等过程中，作业人员都可能直接接触危险物质，尤其是一些具有毒害、腐蚀、爆炸、燃烧、助燃等性质的危险化学品。因此，在化工行业里，有效的化工安全管理和个人防护成为重中之重。在本案例中，作业人员伤亡的一个主要原因就是作业人员因为天气炎热脱去防护服，导致危险化学品直接接触作业人员的衣物及皮肤，最终造成伤亡事故发生。

(5) 事故预防措施

化学灼烫事故的预防措施主要包括以下方面。

1）在化工生产中，强腐蚀介质会对机器设备和作业人员造成腐蚀，因此应采取有效防腐措施。防腐措施主要有采用防腐材料，穿戴防腐蚀劳动防护用品等。

2）改进工艺和设备结构。在有化学灼伤危险物质的生产场所，应预先考虑防止物料外喷或飞溅的合理工艺流程、设备布局、材质选择及必要的控制、输导和防护装置。当发现生产工艺不符合安全要求时，应及时改进。

3）加强安全预测检查。例如，使用超声波测厚仪、X 射线仪等定期对设备进行检查，或采用将设备开启进行检查的方法，以便及时、准确判断设备的损伤部位与损坏程度，及时消除事故隐患。

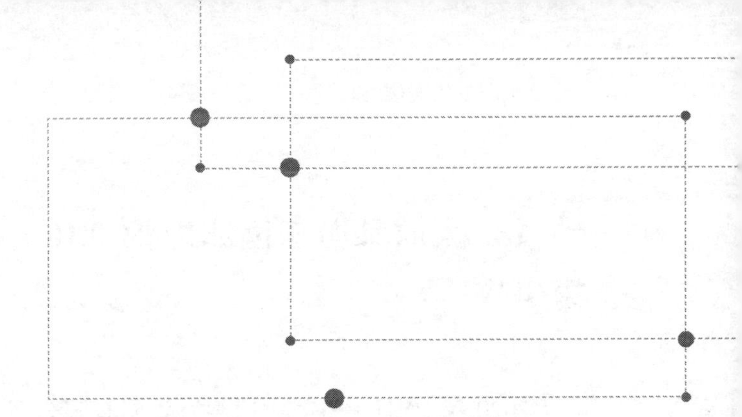

第6章

火灾事故案例分析

18. 太原某游乐园冰雕馆“10·1”重大火灾事故

2020 年 10 月 1 日，太原某游乐园有限公司（本案例中简称游乐园）冰雕馆发生一起重大火灾事故，造成 13 人死亡、15 人受伤，直接经济损失达 1 789.97 万元。经事故调查组认定，该事故是一起安全生产责任事故。

（1）事故经过

2020 年 10 月 1 日 7 时 34 分 35 秒，游乐园 10 千伏供电系统出现故障。为了保证正常营业，8 时 50 分左右，景区水电部的工作人员卢某开启了 4 台自备发电机进行供电，之后水电部总监李某通知供电所工作人员董某来维修线路，董某随即联系山西某电力工程有限公司小店工程部工作人员牛某协助其处理线路故障。12 时 49 分左右，牛某给董某打电话，在得知可以供电后就将市电接通。12 时 51 分 44 秒，卢某在没有将低压用电设备及发电机断开的情况下，直接将单刀双掷隔离开关从自备发电机端切换至市电端。12 时 57 分 49 秒，游乐园火车通道内装饰灯具熄灭。12 时 59 分 22 秒，火车通道西口开始冒烟，12 时 59 分 37 秒出现明火。12 时 59 分 38 秒，冰雕馆西南侧开始冒烟。事故发生时，冰雕馆内共有 28 名游客被困。

(2) 应急救援

13 时 01 分 31 秒，太原市消防救援支队指挥中心在接到报警后，省、市、区三级立即启动应急响应，各级部门迅速参与，组织 19 支应急队伍、276 名专职救援人员，并调集 48 辆消防车辆赶赴现场。13 时 25 分，驻守游乐园的区林业局东山森林灭火救援大队先期赶到现场救援。13 时 45 分，17 个消防救援站及太原市消防救援队等陆续到达现场进行救援。其间，太原市公安局等组织 450 人进行协调保障工作，太原市急救中心派出 24 辆救护车、73 名医护人员进行医疗救治。14 时 30 分搜救出 1 名遇难人员，16 时 49 分救出最后 1 名遇难人员，18 时 30 分救援工作结束。

(3) 事故原因

1）直接原因。当日景区 10 千伏供电系统出现故障，维修后恢复供电，景区水电部工作人员在将自备发电机供电切换至市电供电时，违规带负荷快速拉、合隔离开关，使火车通道照明线路形成冲击过电压，击穿了装饰灯具的电子元件从而造成短路。通道内照明电气线路设计、安装不规范，采用的无漏电保护功能的大容量空气开关无法在短路发生后及时跳闸切除故障，持续的短路电流造成电子元件装置起火，引燃线路绝缘层及聚氨酯保温材料，进而引燃聚苯乙烯泡沫夹芯板隔墙及冰雕馆内的聚氨酯保温材料。

2）间接原因

①游乐园违反当地土地利用总体规划，在限制建设区范围占用集体土地，擅自开工建设，擅自投入使用。

②游乐园在冰雕馆建设中存在无专业设计、无资质施工、无监理单位、无竣工验收的问题，违反规定使用聚氨酯、聚苯乙烯等易燃可燃材料，将电气线路铺设在聚苯乙烯泡沫夹芯板上，并采用铰接方式接线，用聚氨酯保温层覆盖。

③游乐园没有落实安全生产责任制，没有建立健全安全生产规章制度，没有及时对隐患进行排查治理，没有对作业人员进行培训教育，致使作业人员安全意识淡薄、安全技能匮乏。

（4）事故启示

火灾事故指可能造成人身伤亡的企业火灾事故。现如今，企业的机械设备运转都离不开电气，因此极容易出现短路、过载等现象引发火灾。电气设备一旦发生火灾，其灭火工作非常困难，原因在于必须选择不导电的灭火设施，同时还需要同带电体保持距离以防止触电事故发生。本案例就是因为不合理的拉、合隔离开关操作致使形成冲击过电压，造成元件短路引起火灾。在机械设备启动运行过程中，一定要确保安全后再合闸，同时应安装合规的漏电保护器，这样才能有效避免事故发生。

（5）事故预防措施

针对电气火灾，可以从以下几个方面进行预防。

1）在设计、安装电气线路时，导线和电缆的绝缘强度不能低于额定电压标准，要防止划伤、磨损导线绝缘保护层。要选用合规的漏电保护器等安全装置，合理设置电气火灾监控系统。

2）应定期对电气线路进行检查，及时发现并解决问题，在潮湿、高温或存在腐蚀性物质的场所，应采用套管布线，在多尘场所需要经常清理灰尘。

3）严禁乱接乱拉导线，导线与导线之间、导线与建筑物之间应保持一定间距。定期检查线路熔断器等装置，选择合适的熔丝，不能随意调换或用铝线等代替熔丝。

19. 上海某电子科技有限公司“4·22”较大火灾事故

2021 年 4 月 22 日 13 时 25 分左右，上海某电子科技有限公司（本案例中简称科技公司）阳极氧化车间发生一起火灾事故，造成 8 人（其中 2 人是消防员）死亡，直接经济损失达 3 113.22 万元。经事故调查组认定，该事故是一起责任事故。

（1）事故经过

2021 年 4 月 22 日 13 时 27 分左右，火灾第一发现人宁某在阳极氧化车间途经手动打样线南侧物流通道时，发现手动打样线与阳极 1 线之间的自动退镀线中间位置产生明火，就立马跑到西侧自动化上下挂区域通知在场作业人员火灾情况。孙某、李某等人迅速取灭火器、铺设消防水带进行灭火，无奈发现火势较大难以扑灭，就一边发出警告一边逃生。逃生期间，孙某按下手动报警按钮并拨打 119 报警。13 时 29 分左右，设在公司南门门卫室的火灾自动报警控制主机报警，值班人员王某迅速用手机拍摄并用微信向环安部龙某报告，龙某随后赶到厂区开启一、三楼排烟系统。而在此期间，控制主机持续报警，消防控制室值班人员王某某发现后没有做出反应。13时45分，电工孟某、甄某切断主厂房除消防应急照明外的各路电源。同时，车间内各生产班组迅速互相通知起火并撤离。科技公司作业人员唐某在经过上海某机电设备有限公司（负责科技公司五金配件等采购的承包商，本案例中简称设备公司）作业点时告知起火情况，但4人并未做出反应。三楼断电、充满烟雾后，4人通过对讲机求救。

（2）应急救援

在接到报警电话后，上海市应急联动中心、市消防救援总队迅速出动，调动53个消防救援站、122辆消防车、970余名消防员赶赴现场。火灾扑救期间，科技公司确认492名企业员工全部逃出，无被困人员。14时06分，现场指挥部突然接到设备公司有4名作业人员被困在三楼，具体位置未知的信息。现场指挥部先期派出两个搜救组从南一门、西一门进入三楼救援，但由于烟雾过大，未能发现被困人员。14时55分左右，现场指挥部再次派出由消防员丰某、汤某、史某组成的第三搜救组，并由企业人员戚某、余某引导，再次由西一门进入三楼搜索救人。15时05分，搜救组报告已经找到被困人员并请求支援，现场指挥部立即派出第四搜救组进入，第四搜救组随即与殿后并整理发光导向绳的史某汇合。此时现场情况突变，搜救路线附近多处爆裂导致三楼烟热急剧增大，使得第四搜救组及史某只能返回，第三搜救组救援人员失联。次日5时05分，救援小组在三楼北侧中间偏东位置发现1名被困人员戚某。6时05分，救援小组在三楼南侧中部发现余某、张某、程某、葛某、蔡某5人。6时10分，救援小组在三楼北侧东部发现丰某、汤某。经确认，被困的8名人员已无生命体征。6时20分，大火完全被扑灭。

(3) 事故原因

(1) 直接原因。作业人员黄某在车间内违规吸烟，没有确认烟蒂是否完全熄灭就随意乱扔，致使未熄灭的烟蒂引燃周边杂物并扩大成灾。

(2) 间接原因

①科技公司安全管理职责不明确，未落实安全管理制度，安全管理人员对吸烟问题失察，日常检查流于形式，火灾发生后未按应急预案开展应急救援。

②消防控制室值班人员失职，值班制度不完善，火灾发生后未将火警报警联动控制开关转入自动状态，未立即确认火灾并报火警，值班记录存在他人代签现象。

③设备公司未制定安全生产规章制度，聘用的临时人员使用假证进入科技公司作业，未开展安全培训，未按照规定履行安全生产管理职责。

(4) 事故启示

许多火灾事故的起因常常是令人意想不到的，譬如本案例中，仅一根小小的烟蒂就造成8人死亡，其中更有2名消防员。这启示着作业人员在施工场所应禁止吸烟，在其他场所吸烟也需要确认烟蒂完全熄灭才能扔掉，并且应将烟蒂扔在专门的区域。许多时候人总是心存侥幸，认为自己的一些错误举动不会酿成大祸，可实际上，许多事故灾难的起因往往都是一些小错误，“蝴蝶效应”在人们日常生活及生产作业之中已经屡见不鲜。每个人都需要克服自己的侥幸心理，建立起牢固的安全意识，从小事做起，这样才能防止事故发生。

（5）事故预防措施

针对人因失误造成的火灾，可以从以下几个方面进行预防。

1）加强安全素质教育，确保作业人员拥有良好的安全素养及职业道德修养，提高人员的安全意识，及时普及消防安全知识，加大舆论和社会宣传监督力度。

2）施工区域禁止吸烟，禁止不按规定进行动火作业。应定期进行检查，强化安全风险辨识和部门监管，对于具有较大火灾风险的企业，提高安全设防等级，加强奖惩力度，落实岗位职责。

3）在作业区域设置灭火器等消防设施，设置相关警告标志，加强管理检查力度，落实企业安全生产及消防主体责任，制定完善的应急预案，定期进行应急演练，提高人员应急能力。

4）加强政府对安全生产和消防工作的领导，将消防工作成效纳入各级党政领导干部绩效考核标准。

20. 某液化天然气有限公司“11·2”较大火灾事故

2020 年 11 月 2 日 11 时 45 分，某液化天然气有限公司

(本案例中简称液化天然气公司) 发生一起较大火灾事故，造成 7 人死亡、2 人重伤，直接经济损失达 2 029 万元。经事故调查组认定，该事故是一起安全生产责任事故。

(1) 事故经过

2020 年 11 月 2 日上午，某建设有限公司安排作业人员进行 TK-02 储罐 DN300 富液装车分支管道甩头施工。8 时左右，液化天然气公司计量化验中心实验员唐某到达 TK-02 储罐前平台准备进行可燃气体采样作业。8 时 15 分，接收站人员及施工方人员陆续到达作业现场。9 时 30 分，液化天然气公司接收站运行处主任袁某、安全总监陈某到达现场，项目副经理孙某在检查完施工准备工作后离开现场，气体采样合格，接收站运行处工艺工程师梁某在用火作业许可证上签字。11 时 14 分，唐某在现场填写好采样分析结果并签字后离开，其余人员随后陆续离开。11 时 40 分，赖某因上级催促，便到调度室从当天主调张某处拿到仪表联锁作业票，未执行仪表联锁作业票后续审查、确认签字等一系列流程，且在没有工程师监护的情况下，进入工程师站独自进行操作。11 时 44 分左右，赖某操作安全仪表系统进行强制关闭，导致阀门开启，液化天然气喷射而出，大概 10 秒后，TK-02 储罐罐前平台起火。

(2) 应急救援

事故发生后，液化天然气公司迅速启动应急预案，公司消防队出动 4 辆消防车、25 位消防员到达 TK-02 储罐区灭火，工艺组紧急切断 TK-02 储罐区紧急关断系统，启动喷淋系统。市消防救援支队接到报警后，派出 18 辆消防车、1 辆高喷消防车、2 辆泡沫消防车赶往事故现场协助开展应急救援处置。11 时 51 分左右，阀门控制回路对地短路，熔丝熔断，阀门失电关闭，明火熄灭。13 时 05 分左右，现场救援人员在事故现场搜救出 1 名受伤人员送医救治。截至 19 时 35 分，现场救援人员共搜救出 8 人，其中 4 人现场死亡，1 人送医抢救无效死亡，其余人重伤，另有人员失踪。11 月 3 日 8 时 59 分，救援队发现失踪人员，已现场死亡。至此，应急救援行动结束。

（3）事故原因

1）直接原因。在施工过程中，隔离阀门开启，低压外输汇管中的液化天然气从切割开的管口中喷出，液化天然气雾化气团与空气混合遇到可能的点火能量发生燃烧。

2）间接原因

①事故阀门隔离方式不当。该次动火作业中事故阀门应采用规定的隔绝动力源的物理隔离方式，却采用仪表逻辑隔离方式，导致出现操作失效致使事故发生。

②仪表工程师赖某未按照规定执行仪表联锁审批程序和操作程序，在审批未完成、没有监护人、动火施工作业条件确认不充分的情况下进行切管作业，导致阀门异常开启后液化天然气从切开的管口中喷出着火。

③安全风险意识不足，对现场管控不到位。液化天然气公司领导带班制度执行不严格，未明确各级人员岗位职责及工作范围，安全监管力度不够，施工现场管理混乱，安全生产管理责任落实不到位，承包商管理不到位。

(4) 事故处理

化工企业发生火灾事故并不罕见，从众多事故案例来看，预防化工企业火灾事故不仅在企业及其作业人员，更需要政府部门的有效监督和管理。只有政府和企业及其作业人员同时发挥作用，才能减少火灾事故。由于火灾事故的发生常常需要点火源、助燃物以及可燃物这三个条件，而在化工行业之中，许多化学品本身就具备可燃条件，所以必须严格按照规定作业，防止化学品与点火源接触，这样才能有效避免火灾事故发生。

(5) 事故预防措施

化工企业火灾具备燃烧速度快、毒害性大、爆炸危险大、火灾现场情况复杂及易造成污染等特点，所以必须时刻预防化工企业火灾。可以从以下几个方面进行预防。

1）企业要针对危险化学品易燃易爆等危险特点，严格规范日常操作，掌握突发事件处置程序，经常对作业人员进行消防安全培训，提高相关人员的消防安全意识。

2）企业需要消除化工产品本身及生产工艺流程中的火灾危险性，加大创新投入力度，建立安全性更高的生产技术流程，配备足够的消防器材。

3）企业应完善并落实消防管理制度，细化管理，明确每一位作业人员的安全责任，抓好统筹兼顾工作，全面覆盖生产区域方方面面，确保每一处都有相关人员负责。

4）企业在化工生产过程中应该严格管控明火，将易燃易爆危险化学品的储存和生产区域划为严禁明火区，严禁一切形式的火源。在确实需要使用明火的情况下，必须按照规章制度办理相关手续，针对用火位置进行专门分析，且需要通过相关部门审核才能使用。

5）作业现场应适当增加应急消防救援设备的后备电源，电源要与消防设备科学连接，落实切实可行的消防灭火及应急疏散方案，并对设备严格把关，防止先天性火灾隐患；现场还应采用专业的防雷、防静电设备并具备安全接地措施。

6）作业人员在作业时必须佩戴好专用劳动防护用品，控制好作业温度、化工原料配比和投放速度。

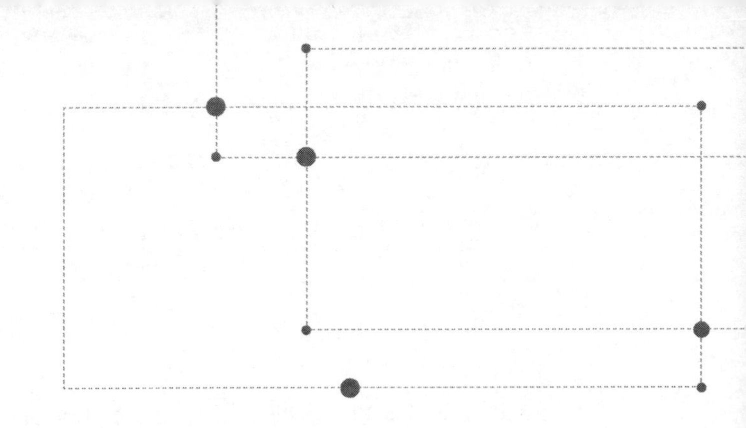

第 7 章

冒顶片帮及坍塌事故案例分析

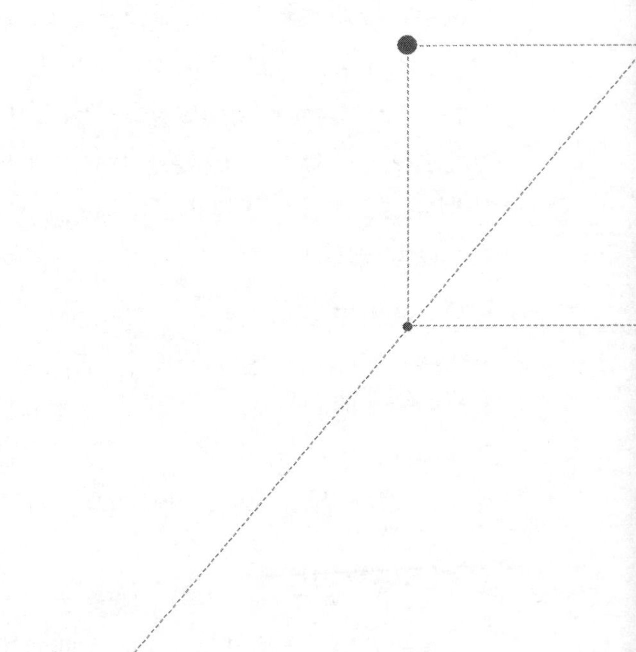

21. 湖北某矿业有限公司“9·25”一般冒顶事故

2020 年 9 月 25 日 22 时左右，湖北省某矿业有限公司某矿山（本案例中简称事发矿）发生一起一般冒顶事故，造成 2 人死亡，直接经济损失达 302.788 万元。经事故调查组认定，该事故是一起安全生产责任事故。

（1）事故经过

2020 年 9 月 25 日 18 时左右，事发矿矿长文某组织召开安全例会，强调现场作业时需要注意的安全事项。20 时左右，唐某、艾某等 6 人由+784 米风平硐进入储量核实探矿区域进行巷道掘进作业，其余 10 人由+764 米主平硐进入生产区域进行巷道掘进作业，矿长文某随后由主平硐下井开展巡查检查。21 时左右，矿长文某巡查至回风巷 5 号石门掘进巷，发现背对井口左壁墙面有 2 块松动的悬石，便安排刚到工作面的唐某处理。文某用钢钎敲打顶板检查，在发现顶板没有异常后离开工作面，唐某、艾某 2 人继续排险。22 时左右，在回风巷 4 号石门作业的唐某某、尹某听到 5 号石门有石头垮塌的声响，就立即停止工作跑到回风巷 5 号石门作业点，发现唐某斜倒在地面，艾某仰躺在地面，分别被顶板冒落的两块石头压住。

（2）应急救援

事故发生后，唐某某、尹某立即展开施救，但因为施救没有成功，他们就通过晃灯、大声喊叫的方式通知附近的工友赶来施救，当时在回风巷 8 号石门作业的工友迅速前来救援并上报。在现场的唐某某等人搬开压在唐某身上的石块，将唐某救出，后唐某被送往医院抢救。接着工友们用千斤顶将压在艾某身上的石块顶起救出艾某，并将艾某送往医院抢救。9 月 26 日凌晨，2 人死亡。

（3）事故原因

1）直接原因。作业人员唐某及艾某在有裂隙的矿层下打钻，造成围岩破坏，引起顶板岩体冒落伤人致死。

2）间接原因

①企业主体责任严重缺失。企业违规擅自在储量核实区域开展掘进施工作业活动；企业规章制度不健全，顶板管理制度中缺少顶板技术措施和管理措施，制度落实不力；带班矿长擅离职守；隐患排查不到位，事故隐患没有及时消除；安全生产管理机构不完善，没有对艾某、唐某等新入职的作业人员进行安全生产教育与培训，作业人员所持证件与岗位不符。

②政府相关部门落实行业监管责任、属地管理责任及综合监管责任不力。

（4）事故启示

冒顶片帮事故指井下开采或支护不当，顶部或侧壁大面积垮塌造成伤害的事故。在矿井作业面，巷道侧壁在岩石应力作用下变形、破坏而脱落的现象称为片帮，顶部垮塌称为冒顶。冒顶片帮是井下开采中最常发生的事故之一，事故原因有采矿方法不合理和顶板管理不善，采掘顺序、凿岩爆破等作业不妥当；支护方式不当，不及时支护或支护质量和顶板压力不相适应等；检查不周、疏忽大意；处理前未对顶板做细致全面检查，没有掌握浮石情况，处理浮石操作不当，违反操作规定；地质矿床等自然条件不好；地压活动等。本案例主要因为作业人员违规作业，且企业未对作业人员进行充分的安全生产教育与培训，从而导致事故发生。这启示任何企业都要严格执行安全作业流程并严查作业人员资质，作业人员应按照规定作业，避免此类事故再次发生。

（5）事故预防措施

针对矿井冒顶片帮事故，可以从以下几个方面进行预防。

1）认真编制并严格执行采区设计和工作面作业规程。

2）采取有效支护措施，提高支护质量，使工作面支护系统有足够支撑力。

3）严格执行敲帮问顶制度，正确识别和处理围岩来压情况。

4）及时回柱放顶，使顶板充分垮落，特殊条件下要采取有针对性的安全措施，如采取爆破措施、支护措施及回柱措施等，以防止冒顶事故发生。

5）进行矿压预测预报，掌握顶板压力分布和来压规律，注重对冲击地压的预防，严格控制采高和控顶距离，认真做好维修井巷时的支架撤换。

22. 某铁路隧道“5·18”一般冒顶片帮事故

2020 年 5 月 18 日 22 时 30 分，福建省某铁路 XQNQ-7 标段某隧道进口 DK386+314-317 处发生一起冒顶片帮事故，造成 1 人死亡，直接经济损失达 99.98 万元。事故调查组认定，该事故是一起安全生产责任事故。

（1）事故经过

2020 年 5 月 17 日 21 时左右，施工队组织开挖班进行隧道进口 DK386+314-317 Ⅲ 级围岩全断面爆破开挖。因照明线路损坏，掌子面附近的抽水泵、硐中间的抽水泵先后损坏，硐内积水比较多，于是开挖班停工休息。5 月 18 日 12 时 45 分恢复供电，作业人员使用修好的抽水泵进行抽水。14 时左右，基本抽完硐内积水，开始清理土渣，18 时左右完成出渣作业。

5 月 18 日 17 时左右，毛某安排吴某驾驶挖掘机进隧道做机械排险清理危石。吴某与毛某在确认完成机械排险作业后，就将挖掘机停在离掌子面约 100 米处，坐上白某驾驶的装载机于 21 时左右出硐口。21 时 20 分白某驾驶装载机将开挖台车推到掌子面上，21 时 30 分毛某通知白某某带队上班。白某某带领 15 名作业人员进硐，在 22 时 10 分到达掌子面，并安排高某等 4 人在拱顶使用撬棍排险，毛某在台车下用手电观察拱顶情况。22 时 30 分，高某排险至拱顶右侧时，先用撬棍撬下一块小石块，一块大石块（长约 1. 8 米，宽约 1 米，厚为 0. 5 米，重约 1. 5 吨）突然掉下来，直接砸中高某后腰部，把高某压在台车顶层板面上。

（2）应急救援

事故发生后，当时同在拱顶的晏某等 3 人一起把大石块移开，将高某救出。白某驾驶装载机将高某从台车拱顶接下来，往硐外送。同时，谢某立刻通知 120 急救中心，并叫李某驾驶皮卡车与杨某一起进硐。在硐内栈桥位置，谢某等人将装载机上的高某移到皮卡车上，送往医院救治，在去往医院途中与 120 救护车相遇，经随车医生检查后确认高某已经死亡。

（3）事故原因

1）直接原因。DK386+314−317 开挖段右侧拱顶围岩局部节理构造比较发育，有平行于轮廓线的水平向和竖向的节理，且界面平整、光滑、清晰，局部岩体自稳性能和节理黏结力较弱。

2）间接原因。施工队未完全按照施工组织设计方案进行施工，安全管理不到位，应急措施不到位，没有及时采取有效措施保障爆破、找顶排险及初期支护等工序实现连续性作业，致使岩体暴露时间长达 25. 5 小时，岩体自稳性能和裂隙强度降低；现场管理人员和施工作业人员未能发现石块失稳，机械找顶排险不彻底，未能在排险过程中消除事故隐患。

（4）事故启示

隧道冒顶片帮事故在隧道施工过程中极为常见，隧道发生冒顶片帮的原因主要是隧道支护不够，地质水文条件探测不足，隧道开挖方式不符合规定，隧道作业人员违规操作及监管人员监管不力等。隧道冒顶片帮事故一旦发生，极有可能影响工期及工程质量。同时，隧道建成后也会因为隧道施工布置不合理、施工质量不合格等情况造成运营期间发生冒顶片帮事故。一般情况下，隧道一旦发生冒顶片帮事故，造成的经济损失和社会影响都是极为严重的。因此，各企业必须加强管理，合理安排工期，正确施工，加强施工质量，这样才能有效避免此类事故发生。

（5）事故预防措施

针对隧道冒顶片帮事故，可以从以下几个方面进行预防。

1）隧道施工前应完善地表排水系统，防止因积水造成边坡坡脚土体软化，影响整体架构安全，在软岩破碎及岩溶段施工时应优先进行预支护和围岩加固。

2）应做好地质水文勘查及编写报告工作，制定地质预测预报方案，并在施工过程中持续做好地质水文条件探测工作，一旦发生问题及早报告。

3）建立完善的管理制度并严惩违规行为，加强作业人员素质教育工作，要求作业人员必须严格按照设计图纸及隧道施工技术规范进行施工。

4）优化爆破设计，尽量减小对围岩的扰动。加强通风，确保隧道施工环境符合标准。加强隧道监控监测管理，及时反馈信息。定期检查初期支护情况，及时调整和优化施工方案。

23. 陕西某实业有限公司“3·21”较大坍塌事故

2020年3月21日11时50分许，陕西某实业有限公司（本案例中简称实业公司）大厦地下一层配电室外墙防水维修工程施工作业时，基坑突然发生坍塌，造成3人死亡、1人受伤，直接经济损失达341.75万元。经事故调查组认定分析，该事故是一起安全生产责任事故。

（1）事故经过

2020年3月16日，郑某带领作业人员进入施工现场开始开挖施工，采用人工垂直开挖方式在实业公司大厦外墙西侧开挖基坑。至3月20日，开挖深度约为4.5米，郑某没有采取有效支护措施。3月21日8时10分许，郑某带领10人进入施工现场开始作业，其中4人在基坑挖土，2人操作电动葫芦倒土，2人负责装车，剩余2人负责开三轮车拉土。11时50分许，张某、王某和李某3人正在基坑底部清理浮泥，刘某在基坑南侧坡道上清理，基坑西侧边坡突然垮塌，导致张某、王某、李某3人被完全掩埋，刘某腰部以下被土体掩埋。

（2）应急救援

事故发生后，现场人员立即先将刘某救出，由120医护人员送至医院进行救治。郑某拨打了119求救，随后消防救援队赶到现场对其他人员进行施救。12时，实业公司电话向区应急管理局报告。12 时 30 分，区应急管理局现场初步核查后，于 13 时 10 分上报至市应急管理局。接到报告后，市政府领导、市应急管理局等部门第一时间赶赴现场指挥应急处置，组织被困人员抢救等工作。至当晚 23 时许，被垮塌土体掩埋的 3 人被掘出，现场救援全部结束。

（3）事故原因

1）直接原因。基坑坍塌部位上部为人工填土，下部为具有湿陷性的黄土，受雨水等渗漏水影响，基坑土体结构湿软、松散。在基坑开挖时，工程承包人郑某没有及时采取有效支撑保护措施，同时现场作业人员无视风险，在作业过程中对基坑西侧土体产生扰动，致使土体失稳后发生坍塌，造成事故发生。

2）间接原因

①工程承包人郑某不具备施工资质，在施工前没有对现场危险因素进行辨识，没有编制基坑开挖工程专项施工方案，没有对进场施工人员进行安全技术交底。

②实业公司安全生产主体责任落实不到位，安全生产法律法规落实不力，违法将工程发包给不具备资质和安全生产条件的郑某个人，没有履行现场安全监管职责，没有对施工现场进行及时检查巡查，没有及时发现并纠正基坑开挖过程中的事故隐患。

③区相关部门和单位没有认真履行职责，工作上存在漏洞，没有及时发现并消除基坑开挖工程事故隐患和违法行为，对事故单位日常安全检查登记册记录不完善，没有高度重视并配合指导企业安全生产工作。

（4）事故启示

坍塌事故是指建筑物、构筑物、堆置物倒塌以及土石塌方引起的事故。由于坍塌的过程发生于一瞬间，来势凶猛，现场人员往往难以及时撤离，因此坍塌往往会带来严重伤亡。如果现场存在危险物品，极有可能引发着火、爆炸、中毒及环境污染等次生伤害。如果抢救过程中缺乏相关的防护措施，还易出现再次坍塌，增加人员伤亡。在坍塌事故中，基坑坍塌所占比例往往较多。本案例中，作业人员忽视隐患，在基坑开挖过程中违规作业，致使事故发生。通过此案例，企业和个人必须深刻吸取教训，加强安全生产建设，防止基坑坍塌及其他坍塌事故发生。

（5）事故预防措施

1）加强岩土工程勘察管理。加强对岩土工程勘察资料的管理，严格按照规范进行勘查作业，并在基坑支护设计前对岩土勘察资料进行审查。

2）加强基坑支护设计管理。在基坑支护设计前，应查明基坑周边环境，支护设计应委托有资质的单位进行，并需要评审通过才能施工。

3）加强基坑支护专项方案编制审核及专家论证程序管理，加强第三方基坑管理，加强基坑支护施工各工序及质量把控。

4）严格控制施工质量，进一步强化现场质量管理制度，明确现场检查要点，提高施工人员、管理人员的素质，通过监测随时掌握基坑工程变形特征，实现信息化施工。

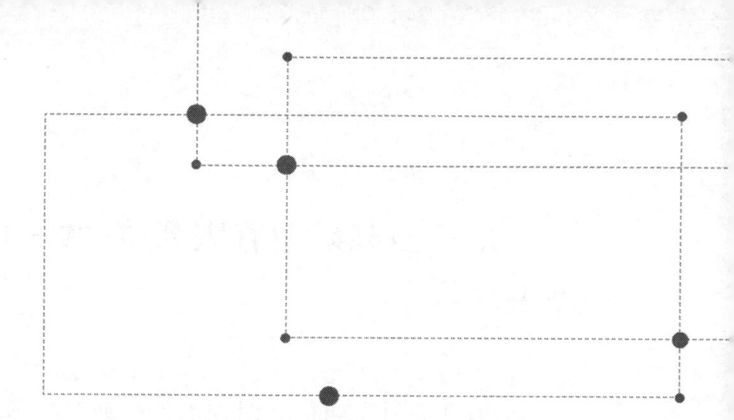

第 8 章

放炮事故案例分析

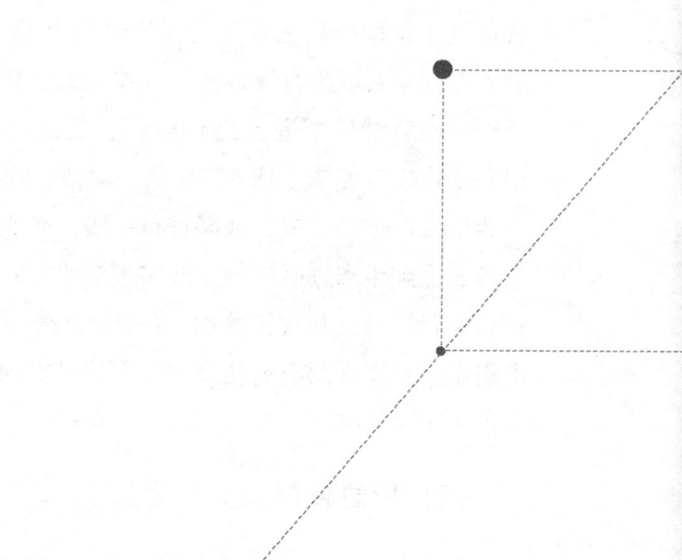

24. 广西某矿业有限公司“9·12”一般放炮事故

2020 年 9 月 12 日 18 时左右，广西某矿业有限公司（本案例中简称矿业公司）的某石灰岩矿发生一起放炮事故，造成 1 人死亡，直接经济损失达 100 万元。经事故调查组认定，该事故是一起安全生产责任事故。

（1）事故经过

2020 年 9 月 12 日 15 时 10 分左右，某爆破配送服务有限公司（本案例中简称爆破公司）片区经理莫某派 4 名爆破作业人员到采石场进行爆破作业。作业人员到达现场后进行清场操作，然后对每个炮孔进行配药、装药等工作。18 时左右，爆破工作准备完毕。18 时 20 分，阮某、陈某和凌某分别负责在 3 个方位进行警戒，何某进行引爆，矿业公司派出韦某、谢某等 5 人到距离爆破现场 400 多米东北方向入石场路口边的桉树林位置协助阮某进行警戒。18 时 50 分左右，爆破员何某充电引爆，起爆瞬间有石块飞出，石块在擦到桉树后改变飞行线路击中韦某腹部。

（2）应急救援

事故发生后，韦某捂着腹部蹲下，此时尚有意识。18 时 55 分左右，谢某开车送韦某前往医院进行检查，19 时 26 分左右到达医院。9 月 13 日 3 时左右，韦某经抢救无效死亡。

(3) 事故原因

1）直接原因。爆破将不规则石块抛向 400 多米处警戒区，石块擦到桉树树干后改变飞行线路击中韦某腹部。

2）间接原因

①爆破地点下方有一个溶洞，改变了原有的爆破效果，石块掷抛距离增加，超出了 300 米安全警戒范围。

②爆破公司没有编制爆破技术设计和施工组织设计，编制的相关方案不符合初步设计的要求。

③现场作业人员没有认真对钻孔以及爆破地点的岩石状况进行隐患排查。

④违规使用超过设计用量的炸药进行爆破，爆破现场没有设置坚固的人员防护设施。

(4) 事故启示

放炮（爆破）事故是指在施工时，放炮作业造成的伤亡事故。放炮事故包括各种爆破作业，如采石、采矿、采煤及拆除建筑物等进行的放炮作业引起的伤亡事故。本案例就是作业人员在采石过程中没有做好个人防护，因放炮获得能量的飞石击中作业人员腹部致其死亡。通过此次事故，企业及作业人员必须吸取教训，在进行放炮作业时时刻牢记“安全第一、预防为主、综合治理”的方针，将个人生命放在首位，做好个人防护，不能心存侥幸地认为事故不会发生在自己身上。

（5）事故预防措施

针对采石过程中的放炮事故，主要有以下几点预防措施。

1）大力提升放炮作业的专业性和规范性，有关部门必须制定和出台相关法律法规，企业必须同时具有安全生产许可证及爆破物品使用许可证等相关证件，当地有关部门必须对采石场进行安全审核验收。

2）深入贯彻落实相应的安全监督管理手段，大力推广先进、安全、高效的爆破技术，完善应急救援体系，制定事故应急预案，确定救援人员职责，及时与邻近救援机构签订救护协议。

3）应当在作业现场设置坚固的、可移动的人员防护设施，进行开采前必须对现场进行仔细检查，在相关道路入口处设置警告标志，对爆破警戒 300 米范围内的生产、生活设施要采取安全防护措施，对不利地形环境应进一步加强隐患排查。

25. 霍州某煤矿“11·6”一般放炮事故

2017 年 11 月 6 日 11 时，霍州某煤矿井下 10-306 掘进工作面发生一起放炮事故，造成 1 人死亡，直接经济损失达 134. 6 万元。经事故调查组认定，该事故是一起责任事故。

（1）事故经过

2017 年 11 月 6 日 5 时 50 分，开拓一队队长张某主持召开班前会，对工作进行安排并强调安全注意事项。6 时 40 分，陈某等人在三联巷卸料。其他人在 8 时 30 分到达掘进工作面，在确定工作面符合开工条件后开始进行打眼作业，10 时左右打眼完毕。15 分钟后，安全员兼瓦检员贾某等人进入工作面检查。张某某从临时火药点将火药携带至工作面后，贾某、张某某、李某往炮眼装药。装完后，张某某和刘某某到临时火药点送剩余的火药。贾某和李某负责连接雷管脚线。在连线工作快要结束时，贾某让李某继续连线，自己去找刘某某。贾某在距工作面 80 米处遇见刘某某，让他进入工作面连接母线。刘某某在没有听清的情况下擅自启动发爆器。

（2）应急救援

在炮声响后，贾某立即与刘某某等人前往工作面，发现李某正躺在工作面上，还有脉搏和呼吸，就立即组织人员对李某进行包扎并于 11 时 20 分左右报告矿调度室。几人用担架将李某抬至 400 站台，并于 12 时 07 分将李某运出井，之后将李某送往医院。13 时 10 分左右，李某经抢救无效死亡。

（3）事故原因

1）直接原因。放炮员刘某某没有履行连接放炮母线并最后一个离开工作面的职责，在没有执行“三人联锁”放炮制度的情况下直接启动发爆器。

2）间接原因

①安全管理人员没有认真履行安全监督职责，没有执行相关安全规章制度，安全管理及安全监督检查指导不到位。

②没有按照系统掘进工作面作业规程的规定采用全断面一次爆破，而是采用两次装药两次爆破的方法。

③教育培训不到位，作业人员没有掌握相关技术知识及安全知识，致使副班组长李某违规将工作面雷管脚线和放炮母线连接。作业人员安全意识淡薄，自保意识过差。

（4）事故启示

目前煤矿掘进开采使用的主要方法之一就是爆破。放炮作业过程简单，操作方便，故而在国内生产实践中积累了大量经验，但经验并不能等同于真理，放炮作业时绝不能随意进行。在本案例中，作业人员在没有执行“三人联锁”放炮制度的情况下直接擅自启动发爆器，致使人员伤亡。这次事故教训极为深刻，启示着企业与个人在进行放炮作业时必须严格遵守规章制度，决不能凭主观经验及感觉想当然地工作，否则事故一旦发生，不仅会造成人员伤亡和经济损失，更会使企业社会影响力急速下降，破坏企业长久经营的良好声誉。

（5）事故预防措施

针对矿井放炮事故，可以从以下几个方面进行预防。

1）作业人员必须接受爆破技术专门训练，熟悉爆破器材的性能、操作方法和安全规定，并严格遵守放炮作业安全规程和技术措施。

2）布孔、炮孔充填物和充填质量都必须符合要求，爆破时应有安全警戒负责人、警戒哨，警戒距离必须符合规程规定，遇有火孔、高温孔及水孔时必须单独处理。

3）有拒爆、哑炮等情况时应上报并及时采取措施进行处理，二次作业必须符合规定。

4）严禁向炮孔内投掷起爆器具和受冲击易爆的炸药，严禁使用熟料、金属或带金属包头的炮杆。

5）在进行放炮作业时，必须合理选择起爆方式，优选爆破材料，正确选用发爆器，提高放炮作业设计质量，改善操作技术并保障施工质量。在雷雨天禁止使用电力起爆，遇到有水工作面或水下爆破时应采取可靠的防水措施。

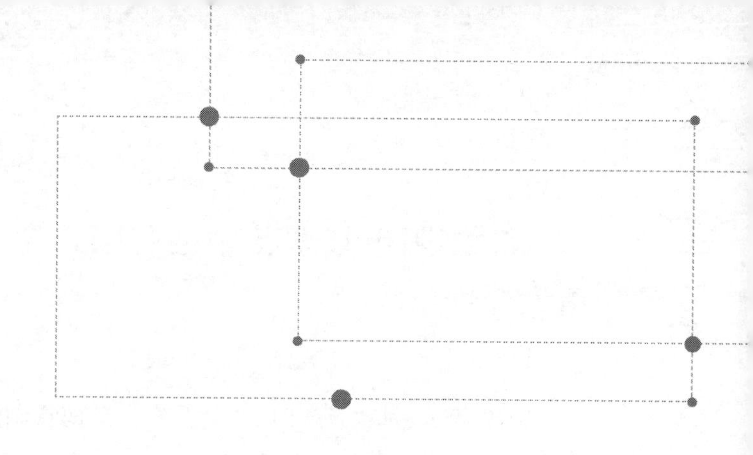

第 9 章

爆炸事故案例分析

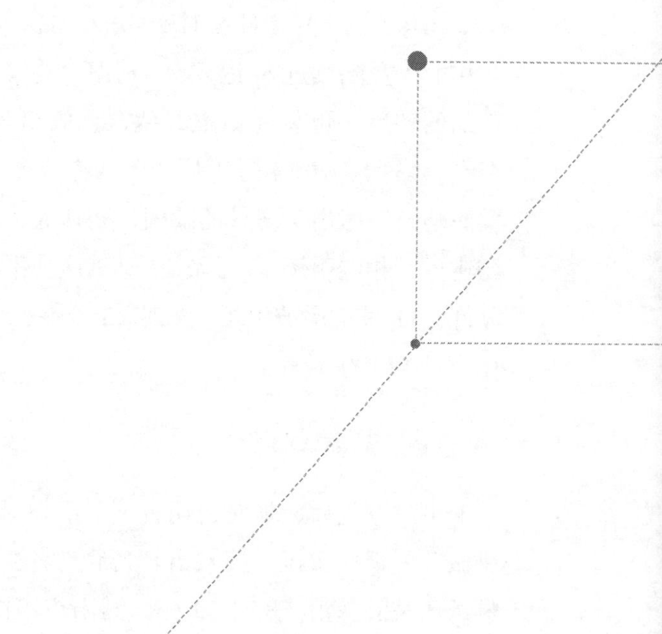

26. 浏阳市某烟花制造有限公司“12·4”重大爆炸事故

2019 年 12 月 4 日 7 时 32 分左右，湖南省浏阳市某烟花制造有限公司（本案例中简称烟花公司）石下工区发生一起重大爆炸事故，造成 13 人死亡、13 人受伤，直接经济损失达 1 944 万元。经事故调查组认定，该事故是一起安全生产责任事故。

（1）事故经过

2019 年 12 月 4 日 5 时 20 分左右，烟花公司石下工区 28 名作业人员陆续进入生产区，从事“彩雷”“拉线烟雾手雷”产品的转运、包装（褙皮、装盒、成箱等）作业。7 时 32 分左右，13 号工房 21 号工位的曾某将装有一个“彩雷”药饼的实底塑料筐搬出工房外的瞬间，药饼起火爆炸，引燃门外其他药饼后，相继引爆 13 号及 12 号工房内半成品和成品。7 时 35 分许，11 号工房被引爆。7 时 43 分许，燃烧爆炸飞溅物引爆 16 号半成品中转库。

（2）应急救援

事故发生后，烟花公司石下工区和当地村民迅速调集工程机械开展现场救援，搜救出 6 名遇难者遗体，并将 6 名受伤人员送往医院救治。8 时 59 分，浏阳市消防大队调集某中队 21 人并携带专业装备赶到事故现场。9 时 17 分，森林消防大队组织 8 人到达事故现场。随后，浏阳市委、市政府和应急管理部门、公安部门、卫生健康部门及长沙市应急管理部门负责人先后到达现场指导救援。11 时 23 分，湖南省应急管理厅接到省消防救援总队事故信息后，主要领导高度重视，并派工作组于 14 时 37 分到达事故现场指导救援工作。至 17 时 30 分，现场搜救工作基本结束。

(3) 事故原因

1）直接原因。13 号工房作业人员曾某将一个装有“彩雷”药饼的实底塑料筐搬出工房时，因药饼与筐内残留药物摩擦起火，引燃药饼引火线和尾药，从而引爆筐内“彩雷”药饼和门周边药饼。

2）间接原因

①事发工房药量堆积过多，堵塞通道。多数作业人员年龄较大，安全教育培训没有落实，安全技能匮乏。新入职作业人员未经考核就上岗作业，缺乏安全意识和应急避险技能，操作不规范。

②安全生产责任未落实，公司法人代表没有认真履行职责，实际负责人不具备相关资质，内部安全管理机构形同虚设。烟花公司对石下工区的安全管理、安全责任及安全投入等不到位，管理人员无安全管理资格证，相关安全员没有专职从事安全生产管理工作，工区没有按照国家标准要求进行管理。

③石下工区存在违法违规行为。经调查，石下工区违法违规组织生产，存在超许可范围、超药量、超定员及改变工房用途等问题，烟花公司及石下工区存在违规接单现象。

④当地政府监管不力、执法不严，对烟花爆竹企业违法违

规生产查处力度不够，属地安全监管责任不落实，未及时纠正烟花公司突出问题，对事故视而不见，组织瞒报死亡人数。

(4) 事故启示

火药可以用来采煤、采石等，大大提高了作业效率。但是作为危险化学品，火药的生产、使用、储存过程都严重威胁着人类生命和社会财产，一旦没有得到合理控制，极容易造成人员伤亡和财产损失。在本案例中，生产炸药的作业人员一时疏忽，引起火药爆炸并造成多人死亡。这起事故警醒着有关单位及人员，在生产、使用、储存火药过程中，一定要小心谨慎、加强防护，要加强安全管理，避免类似事故再次发生。

(5) 事故预防措施

针对火药爆炸事故，可以从以下方面进行预防。

1）在火药生产制造过程中，作业人员必须严格按照生产操作规范进行作业，必须穿戴相关防护服，严禁在生产车间吸烟，禁止携带明火。

2）强化生产作业现场安全管理，各工序必须分开操作。设备运行过程中必须做到人机隔离，加强现场监控技术，定期检测、维护防静电、防雷电等安全设备设施，确保符合国家标准。

3）作业人员必须经过专业培训，具备足够的安全知识及安全意识，掌握一定的应急避险能力，禁止无证人员上岗作业。

4）在进行火药运输时，车辆状况必须符合消防安全规定，禁止货物混装，运输过程中严禁烟火和动用明火，押运员、驾驶员应熟练掌握火药理化性质。

5）使用火药过程中，必须做好相关防护，严禁企业录用无证作业人员，严禁违反规定使用火药作业。

27. 内蒙古自治区赤峰某矿业有限公司“12·3”特别重大瓦斯爆炸事故

2016 年 12 月 3 日，内蒙古自治区赤峰某矿业有限公司（本案例中简称矿业公司）发生一起特别重大瓦斯爆炸事故，造成 32 人死亡、20 人受伤，直接经济损失达 4 399 万元。经事故调查组认定，该事故是一起安全生产责任事故。

（1）事故经过

2016 年 12 月 3 日 7 时 30 分，矿业公司矿长吕某主持召开矿调度会，生产副矿长董某安排井下当班生产任务。10 时左右，6040 巷采工作面准备放炮时，局部通风机停电停风，所有作业人员遂撤至盲巷口休息吃饭。11 时左右恢复供电后，电工顾某启动局部通风机，恢复通风。

11 时 07 分，打眼监护工闫某看到打眼工张某、李某突然向 6040 工作面回风顺槽方向跑，同时听到异响并看见一团火球从电焊工张某某和杨某处窜过来，闫某随后昏倒。电工刘某某正在回风端头支架下作业，一股强风将其安全帽吹掉，头皮被烧焦。之后各处作业人员皆被强风冲倒受伤，甚至还看见巷道顶部火苗乱窜。11 时 10 分左右，运输队副队长马某在 6040 第二部带式输送机机头处听到爆炸声，在看到煤尘飞扬的同时立刻通知运输队人员撤出。

（2）应急救援

1）事故信息报告及响应。12 月 3 日 11 时 30 分，矿业公司调度室接到井下事故报告电话后，通知井下人员立即升井。11 时 40 分，矿业公司向上级公司赤峰某煤炭物资有限公司报告。11 时 45 分，刘某带领通风科 3 名作业人员下井，修复被冲击破坏的风门。12 时 10 分，该矿切断井下全部电源，井下人员组织自救和互救，成功救出 15 名受伤人员。该矿分别于 12 时 23 分、12 时 27 分、12 时 55 分向元宝山区安全监管局、某煤业集团有限公司（本案例中简称煤业公司）救护大队和内蒙古煤矿安监局赤峰监察分局报告事故。13 时，赤峰市人民政府应急办接到元宝山区人民政府应急办事故报告。14 时 02 分，内蒙古自治区人民政府接到赤峰市人民政府应急办电话报告事故信息，随即启动事故应急响应，成立应急处置指挥部，内蒙古自治区、赤峰市及元宝山区政府及有关部门负责人陆续到达事故现场，全力组织抢险救援。15 时 02 分接到事故报告后，国家安全监管总局、国家煤矿安监局主要负责人率工作组紧急赶赴事故现场，指导事故救援和善后处理等工作。15 时 35 分，内蒙古自治区人民政府应急办向国务院总值班室报告事故信息。

2）事故现场应急处置。煤业公司救护大队接到矿业公司救援电话后，先后派出 6 支小队共 76 名救护队员参加抢险救援。12 时 45 分救护队员入井开展搜救，至 14 时 35 分，相继发现 17 名遇难人员和 2 名伤员。至 19 时 25 分，又发现 12 名遇难人员和 3 名伤员。23 时 40 分，发现最后 3 名遇难人员。

12 月 4 日 9 时 30 分，32 名遇难人员遗体全部升井，抢险救援工作结束。

(3) 事故原因

1) 直接原因。矿业公司借撤回越界区域内设备名义违法组织生产，6040 巷采工作面因停电停风，造成瓦斯积聚，1 小时后恢复供电通风，积聚的高浓度瓦斯排到与之串联通风的 6040 综放工作面，遇到正在违规焊接支架的电焊火花引起瓦斯燃烧，产生火焰传导至 6040 工作面进风顺槽，引起瓦斯爆炸。

2) 间接原因

①矿业公司长时间、长距离、大范围、大规模疯狂进行越界违法开采。矿业公司违反《中华人民共和国矿产资源法》第十九条规定，其最长越界直线距离近 2 千米，越界区域面积约 1.45 平方千米，同时该矿无视警告，在被查处后依旧以回撤设备名义继续违法组织生产。

②该矿未落实安全生产责任制，未建立健全安全管理规章制度，现场安全管理混乱，各级负责人弄虚作假，采用假密闭、假图纸等手段掩盖越界区域，销毁证据并蓄意逃避监管，现场管理人员对现场监管力度不够，冒险作业，长期采用国家明令禁止的“巷道式采煤”工艺作业。

③当地政府监管不力，在查处该矿后没有再次进行检查，矿业公司依旧我行我素继续越界开采，致使事故发生。

(4) 事故处理

瓦斯爆炸主要指可燃性气体瓦斯、煤尘与空气混合达到爆炸极限，接触火源时引起的化学性爆炸。瓦斯爆炸常发生在矿山、隧道等地下环境，常见的瓦斯爆炸主要起因就是操作不当致使瓦斯积聚，在与空气混合后遇高温热源从而发生爆炸，本案例就是如此。一般的瓦斯爆炸须满足 3 个条件：瓦斯浓度在爆炸范围内，高于爆炸最低点燃能量的热源存在时间大于着火感应期，瓦斯与空气的混合气体中氧气体积分数大于 12%。由于氧气浓度总是足够的，故而预防瓦斯爆炸的措施就集中在防止瓦斯积聚及杜绝热源两方面。因此，企业必须严格要求人员按照规程作业，做好通风工作，防止点火源产生，这样才有可能避免瓦斯爆炸事故的发生。

（5）事故预防措施

针对瓦斯爆炸事故，可以从以下几个方面预防。

1）定期检查监控监测设备，禁止人员擅自调整、破坏瓦斯检测探头，定期对井下通风设施进行检查，发现损坏，及时上报、及早修理。

2）当采区回风巷、采掘工作面回风巷风流中瓦斯体积分数超过 1%时必须停止作业，当采掘工作面及其他作业点风流中瓦斯体积分数达到 1.5%时必须停止作业并及时撤离。

3）井下禁止随意打开矿灯，禁止带电检修、搬迁电气设备，禁止使用明刀闸开关，禁止吸烟，禁止携带点火物品。

4）观察到有煤与瓦斯突出征兆时，必须立即停止作业，迅速撤离并报告有关部门，要认真实施综合防尘措施。

5）企业应加强管理，落实安全生产责任制，强化制度建设，加强矿井通风管理，增加安全投入，提高瓦斯治理成效，加强作业人员安全教育培训，引入新型设备及新型方法开采。

28. 吉林某环保科技有限公司“2·7”一般锅炉爆炸事故

2020 年 2 月 7 日 14 点 40 分左右，吉林省某环保科技有限公司（本案例中简称环保公司）发生一起锅炉爆炸事故，造成 2 人死亡，直接经济损失达 180 万元。经事故调查组认定，该事故是一起安全生产责任事故。

（1）事故经过

2019 年 4 月，环保公司在山东省某锅炉有限公司（本案例中简称锅炉公司）购买了一台锅炉，之后由锅炉公司负责安装，在 2019 年 7 月调试完成。锅炉自调试完成后长时间未正式投入使用。2020 年 2 月 2 日，环保公司再次调试锅炉时发现锅炉无法点火，于是负责人高某便与锅炉公司联系。锅炉公司因新冠肺炎疫情原因无法安排人修理，只能进行排查。经排查，锅炉公司的工作人员初步怀疑是锅炉的感应探针出现问题导致锅炉无法点火，于是他们建议更换更加敏感的电子眼。高某便让锅炉公司邮寄一个电子眼和一个程控器。电子眼和程控器于 2020 年 2 月 6 日邮到，高某接货后当天 16 时就要求赵某安排人安装电子眼和程控器并进行查验。2020 年 2 月 7 日 14 时 40 分左右，在付某和潘某安装和调试电子眼的过程中发生了锅炉爆炸，造成 2 人死亡。

(2) 应急救援

事故发生后，赵某立即拨打120急救电话，但120医护人员到达时付某已经死亡，潘某被送往医院进行救治。2月11日15时40分左右，潘某经救治无效死亡。

(3) 事故原因

1）直接原因

①付某、潘某未接受过锅炉方面的知识培训，无锅炉安装、维修方面的资质和技术，违规冒险维修和调试锅炉。

②环保公司在知晓二人没有锅炉安装、维修方面的资质和技术的情况下，仍然安排二人冒险作业。

2）间接原因

①环保公司未对作业人员进行安全培训，安全教育力度不够，致使作业人员缺乏操作技能及安全知识，安全意识严重匮乏。

②环保公司未落实安全生产责任制，未建立健全安全生产规章制度，没有建立安全操作规程，没有合规的安全管理机构，安全管理力度不够。

(4) 事故启示

锅炉爆炸指锅炉发生的物理性爆炸事故。锅炉爆炸的原因大多是锅炉运行中承载的负荷过大，造成能量瞬间释放。通常，锅炉缺水、水垢过多及压力过大等都会造成锅炉爆炸。一旦发生锅炉爆炸，将会造成巨大伤害。而本案例中，付某和潘某在维修锅炉过程中发生锅炉爆炸事故，这就启示着企业在进行锅炉相关作业时必须遵守操作规程，不能只关注锅炉运行过程，还要关注锅炉维护和检修过程，从系统整体角度去预防事故发生。

（5）事故预防措施

1）按照标准对锅炉进行设计、选材、制造，安装好防护装置，定期对锅炉进行检查，保持设备完好。

2）锅炉点火前，必须仔细吹扫炉膛和烟道，排除炉内积聚的气体，按照点火程序进行作业。

3）锅炉运行中应保持锅炉负荷稳定，防止骤然降低负荷，保持安全阀灵敏可靠，应每隔一定时间检验压力表，确保设备运行正常。

4）锅炉使用期间应防止缺水，必须控制在正常水位，定期维护、检查相关水位、超温等报警装置，发现炉内有积垢、腐蚀、裂纹和起槽现象，必须立即报告并由专业人员进行检修。

5）企业不得录用无证作业人员，必须对作业人员进行安全培训，增强作业人员安全意识及应急能力，加强安全管理，不能让有关作业流于形式。

29. 湖北黄冈市某建材有限公司“7·14”一般压力容器爆炸事故

2020 年 7 月 14 日 14 时 20 分左右，湖北黄冈市某建材有限公司（本案例中简称建材公司）发生一起压力容器爆炸事故，造成 1 人死亡、5 人受伤，直接经济损失达 215.98 万元。经事故调查组认定，该事故是一起安全生产责任事故。

（1）事故经过

2020 年 7 月 14 日，建材公司主班操作工张某和副班操作工吕某将切割好的砖坯送入 2 号蒸压釜，准备进行烘干操作。两人将砖坯送入釜内以后，张某抵住釜门，吕某用摇杆手动锁门，于 11 时 20 分完成锁门。张某随即通入蒸汽对砖坯进行加热烘干，12 时左右停止加热，排除水蒸气 2~3 分钟。12 时 40 分，张某再次通蒸汽开始升温，压力表显示压力为 0.55 兆帕。14 时，蒸压釜达到恒温状态，压力表显示压力为 0.63 兆帕。14 时 16 分，蒸压釜发生容器爆炸事故。

（2）应急救援

事故发生后，建材公司第一时间通知医院。14 时 50 分左右，医护人员到达现场并对赵某进行检查，经现场诊断确认赵某已经死亡，之后将受伤人员迅速送往医院进行救治。

（3）事故原因

1）直接原因。张某和吕某没有取得特种设备作业人员操作证，没有掌握快开门式压力容器操作的相应基础知识、安全使用操作知识和法规标准知识，二人并不具备相应的实际操作技能，仅凭经验进行操作，导致蒸压釜釜门处于未锁死状态，釜内压力逐步升高后发生容器爆炸事故。

2）间接原因

①建材公司没有落实安全生产责任制，没有建立健全安全

生产规章制度，安全操作规程不完善，安排无资质人员进行作业，没有对作业人员进行培训教育，没有设立完善的安全管理机构，未配置专职或兼职安全管理人员。

②当地政府没有切实严格监督并督促企业落实特种设备安全主体责任，没有全面落实属地管理责任，安全监管力度不够。

(4) 事故启示

压力容器是指容易发生事故且事故危害性较大的承受压力载荷的密闭装置。容器爆炸一般可以在瞬间释放出大量能量，一方面使容器进一步开裂，同时使破裂的碎块以极高的速度向四周飞散。碎块不仅可以致人伤亡，还可能损坏附近设备及管道，形成继发事故。另一方面，更大一部分能量会对周围空气做功形成冲击波从而造成伤亡。在本案例中，作业人员不规范操作导致压力容器爆炸。通过此案例，企业及个人都应该重视压力容器爆炸事故，及时对压力容器进行检查保养，作业人员应严格按照规程作业，防止压力容器发生爆炸事故。

(5) 事故预防措施

压力容器爆炸事故预防措施主要如下。

1）压力容器进行设计时必须采取合理构造，在维修、安装及改造时应加强焊接管理，避免采用有缺陷的材料。

2）加强使用管理，避免操作失误、超温、超压及超负荷运行，定期对压力容器进行检查，发现问题及早维修。

3）压力容器属于特种设备，故而作业人员必须取得特种设备作业人员操作证。企业应建立完善的特种设备安全操作规程，禁止无证上岗，在上岗前必须对人员进行教育培训，作业时要求作业人员佩戴劳动防护用品。

4）企业应该加强管理，建立完善的安全管理机构，配备专职安全管理人员，落实安全生产主体责任，加强监督检查力度。

30. 江苏某化工有限公司“3·21”特别重大爆炸事故

2019 年 3 月 21 日 14 时 48 分左右，位于江苏省盐城市响水县生态化工园区的某化工有限公司（本案例中简称化工公司）发生一起特别重大爆炸事故，造成 78 人死亡、76 人重伤及 640 人住院治疗，直接经济损失达 198 635. 07 万元。经事故调查组认定，该事故是一起安全生产责任事故。

（1）事故经过

该事故从冒白烟到爆炸仅历时 3 分 9 秒，因此事故经过只能通过事后调取仅存的监控视频进行了解。2019 年 3 月 21 日 14 时 45 分 35 秒，6 号罐区视频监控显示旧固废库房顶中部发生冒淡白烟现象。45 分 56 秒，新固废库外南视频监控显示，有烟气从旧废固库南门内由东向西向外扩散，并逐渐蔓延扩大。46 分 57 秒，新固废库内南视频监控显示，新固废库内作业人员发现火情，手提两个灭火器从仓库北门向南门跑去并试图灭火。47 分 03 秒，6 号罐区视频监控显示，旧固废库房顶南侧冒出较浓黑烟。47 分 11 秒，旧固废库房顶中部被烧穿并有明火出现，火势迅速扩大。48 分 44 秒视频中断，判断发生爆炸。

（2）应急救援

事故发生后，在党中央、国务院领导下，江苏省和应急管理部等立即启动应急响应，迅速调集综合性消防救援队伍和危险化学品专业救援队伍开展救援，至 3 月 22 日 5 时左右，明火被全部扑灭，未发生次生事故。3 月 24 日 24 时，失联人员全部被找到，救出 86 人，搜寻到遇难者 78 人，江苏省和国家卫生健康委全力组织伤员救治。至 4 月 15 日，危重伤员、重症伤员经救治全部脱险，生态环境部门对爆炸核心区水体、土壤、大气环境等密切检测，未发生次生污染。至 8 月 25 日，除残留在装置内的物料外，其余危险物料全部转运完毕。

（3）事故原因

1）直接原因。化工公司旧固废库内长期违法储存的硝化废料持续积热升温导致自燃，燃烧引发硝化废料爆炸。

2）间接原因

①该化工公司无视国家环境保护和安全生产法律法规，瞒报硝化废料，擅自改变硝化车间废水处置工艺，未按规定重新报批环境影响评价文件，也没有在项目验收时据实提供情况，长期违法违规储存、处置硝化废料，长期违法进行固废和废液焚烧项目，企业管理混乱，安全生产严重违法违规。

②中间机构弄虚作假，出具虚假文件，导致事故企业硝化废料重大风险和事故隐患未能及时暴露，干扰误导了有关部门的监管工作；当地安全评价机构在对化工公司进行复查综合性

安全评价时，安全条件检查不全面、不深入，评价报告与实际情况严重不符，事故隐患整改确认表没有签字确认。

③当地政府部门没有认真履行监督管理职责，日常监管执法不严，督查企业排查消除重大事故隐患不力，复产验收把关不严，监管执法存在漏洞，对环评机构弄虚作假失察，对领导干部落实安全生产责任制推动不力。

（4）事故启示

多年来，化工爆炸事故层出不穷，每次事故发生都会带来严重伤亡，譬如除本案例外，相关事故还有“8·12”天津滨海新区爆炸事件、“9·2”山东临沂爆炸案等。通过这些爆炸事故案例可知，许多爆炸事故是企业在危险化学品生产、使用、储存及处理过程中心存侥幸，违法、违规组织造成的。由于危险化学品本身就具有危险性，如果不对危险化学品进行严格监管，事故就必然会发生。本案例中，肇事企业随意将危险化学品违规储存，甚至瞒报，最终酿成大祸。爆炸事故本就是在一瞬间发生的，临近人员很难及时做出反应并逃离，故而企业在日常管理之中，必须对危险化学品进行严格监管，做好防范工作，这样才能在一定程度上防止此类事故再次发生。

（5）事故预防措施

针对危险化学品储存和使用过程中易造成的爆炸事故，可以从以下几个方面进行预防。

1）存放危险化学品的库房，应采用耐火建筑，尽可能降低危险有害气体浓度。凡是能相互反应的物品，必须分开放置。

2）利用隔绝空气的原理对危险化学品进行储存，如将钠储存于煤油之中，将磷储存于水中等；时刻防止点火源产生，禁止携带火源进入作业及存储区域；时刻控制温度，防止高温导致温度升高起火；安装防静电、防火焰等安全防护设置，在容易发生事故的区域安装自动监测系统，定期对设施进行检查维修。

3）企业应优化设计，合理选择工艺，加强安全监督管理队伍建设，建立健全安全管理制度，加大隐患排查力度，不得瞒报、假报相关化学品，不得擅自处理化学废料。当地政府部门必须加大监察监管力度，检查切勿流于形式。

4）企业作业人员必须经过培训方能上岗，禁止无证作业；要落实岗位职责，对企业违法生产行为要及早检举；加强自身应急反应能力，做好自我防护工作，严格按照程序进行作业。

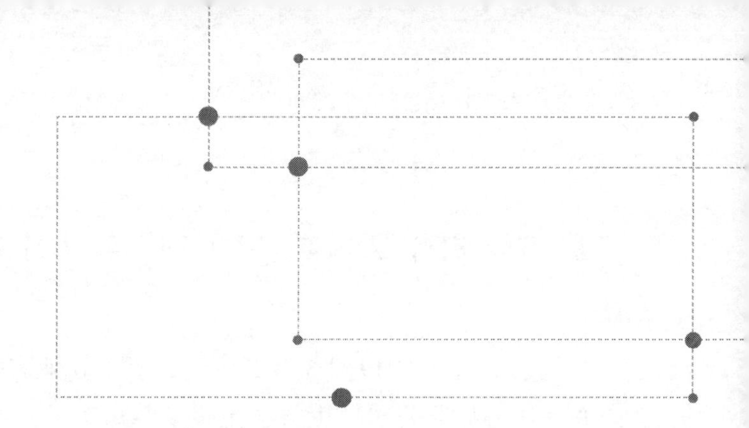

第 10 章

中毒和窒息事故案例分析

31. 贵州某煤矿“1·19”较大中毒事故

2021年1月19日3时19分，贵州某矿业有限公司（本案例中简称矿业公司）大方县星宿乡某煤矿（本案例中简称事故煤矿）11204切眼上口钻场发生一起中毒事故，造成3人死亡、1人受伤，直接经济损失达454万元。经事故调查组认定，该事故是一起安全生产责任事故。

（1）事故经过

2021年1月18日23时30分，安全副矿长吴某某主持召开1月19日零点班班前会，安排没有带班资格的各科长携带相关带班矿领导专用人员位置监测识别卡入井，实际上并没有矿领导带班下井。机电科长邱某携带机电副矿长龙某某的带班矿领导专用人员位置监测识别卡入井。1月19日0时08分左右，打钻队作业人员王某、李某两人佩戴自救器到达11204切眼上口钻场处，0时11分左右开始作业，2时28分左右开始施工6号钻孔。3时14分左右，进钻30根钻杆约22.5米时，钻孔内有强烈刺激性气味的气体涌出。3时15分，李某在回风巷反掘口打电话向调度室报告钻孔内有臭鸡蛋味气体涌出。3时19分，王某被熏晕，李某再次报告涌出气体致使王某晕倒。调度室的龚某接到异常情况报告后，依旧没有下令撤人，也没有要求采取任何应急措施，只是打电话向安全副矿长吴某某等人报告，并通知打钻队队长杨某去了解情况，之后又打电话至井下变电所的瓦检员吴某，要求其赶往11204回风巷反掘工作面查看情况。其间，杨某两次打电话至井下找到李某，要求李某将王某移到 11204 回风巷反掘面，在王某清醒后将信息反馈至调度室。王某晕倒后，带式输送机司机杨某某跑进 11204 回风巷反掘工作面通知作业人员赵某、刘某、龙某撤人，随后 4 人撤离工作面。4 人撤离至切眼时，王某、李某均已倒地不能行动。4 人之后在 11204 切眼下口处叫上带式输送机司机张某一同撤离。在 11204 运输巷开口约 200 米处，赵某等人遇见邱某、吴某正赶往 11204 回风巷反掘工作面，遂向邱某、吴某说明有毒有害气体涌出需要赶紧撤出，但邱某、吴某并未跟着撤出，仍冒险赶往工作面。3 时 37 分左右，赵某等 5 人撤至 11204 运输巷风门外，随后会同在风门外开带式输送机的赵某某升井，邱某、吴某、王某、李某 4 人被困，未能撤离。

（2）应急救援

事故发生后，龚某首先通知安全副矿长吴某某等 3 人，3 人接到通知后下井查看情况，发现 11204 运输巷存在浓重刺鼻气味，随后吴某某立刻要求调度室向大方县能源局报告并请求支援。4 时 09 分，大方县能源局分管煤矿安全监管工作的副局长陈某接报事故煤矿井下有 4 人失联。

4 时 14 分，大方县某矿山救援中队（本案例中简称救援中队）接到请求救援电话。4 时 25 分，矿业公司救护中队接到公司救援电话。5 时 15 分，救援中队第一支 7 人小队抵达，了解情况后 5 时 45 分才报告救援中队调动待机小队。7 时 11 分，救援中队第二支 9 人小队赶到。7 时 41 分，救援中队第一支小队入井。7 时 50 分，矿业公司救护中队赶到煤矿。8 时

07分，救援中队第二支小队入井。8时40分，大方县小屯煤矿救护队接到请求支援电话。9时15分，救援中队第一支小队抵达11204工作面并发现失联的4人，但由于1名救护队员出现不良状况，随即撤离，途中遇到矿业公司救护队。之后矿业公司救护队对4人进行施救。施救过程中，于9时50分抵达煤矿并下井的大方县小屯煤矿救护队已抵达切眼150米处，矿业公司救护队遂将有生命特征的王某交给小屯煤矿救护队施救，其余人带其他3人出井。12时，小屯煤矿救护队将王某抬至地面并送往医院抢救。12时43分，邱某、吴某及李某被运至地面，救援工作结束。

（3）事故原因

1）直接原因。现场施钻人员违反安全技术措施采用干式打眼，钻进受阻后长时间空钻，摩擦产生局部高温，钻孔周边裂隙破裂，煤体氧化热解生成大量有毒有害气体并涌出，浓度超标，导致人员中毒伤亡。

2）间接原因

①事故煤矿安全教育培训不到位，对钻孔施工安全技术措施贯彻学习流于形式，对井下作业人员培训时间不够。作业人员对技术规程掌握不够，没有应急能力，缺乏安全意识，在出现有毒气体后未及时撤离。

②事故煤矿应急救援处置不到位，调度监控室应急指挥不当，不具备矿山救护现场处置条件，矿山救护人员形同虚设，现场安全管理人员和特种作业人员更是缺乏应急处置能力。煤矿安全生产管理混乱，安全技术管理不到位。

③矿业公司安全生产管理不到位，对所属煤矿安全检查不

到位，隐患督促整改落实不到位，对安全检查工作不细不实，对事故煤矿违反安全技术措施规定采用干式打眼作业的情况失察，应急救援管理不到位。

④救援中队事故处置程序不合规定，现场救援不到位，救护人员缺乏救护技能。

⑤当地政府安全工作督促检查指导不力，对当地煤矿及安全监管体制存在的问题没有及时检查并整改。

（4）事故启示

煤矿井下常有各种有毒有害气体，如硫化氢、甲烷、一氧化碳等。一般情况下，在煤矿中常把有毒有害气体统称为煤矿瓦斯，但在工程实践之中，煤矿瓦斯常用来特指甲烷气体。本案例中，作业人员因操作不当导致有“臭鸡蛋味”的硫化氢气体逸出，相关管理人员对此种气体既不了解，也不重视，导致事故发生。硫化氢是一种无色、微甜、有臭鸡蛋气味、剧毒的气体，密度大于空气，溶于水，在 260 ℃下浓度处于 4%~46%（体积分数）范围内会产生爆炸风险，属于矿井中常见的有毒有害气体之一，一旦浓度超限就会对井下现场作业人员的生命健康带来巨大威胁。在煤矿生产过程中，应加强对硫化氢气体的监控，加强通风安全管理，防止因气体泄漏积聚导致事故发生。

（5）事故预防措施

针对煤矿中毒事故，可以从以下几个方面进行预防。

1）加强管理人员对煤矿通风安全的重视，制定严格的煤矿通风安全对策措施，加强矿井通风。

2）提高作业人员自我防范意识，要求作业人员严格执行安全管理条例，加强作业人员安全教育，确保每一位作业人员都能够深刻了解煤矿通风的重要性。必须保证作业人员考核合格才能下井，加强实战演练，提高作业人员应急能力。

3）在进风隅角及回风隅角处建立临时挡风墙，减少采空区漏风。加强采煤工作面进风隅角处有毒有害气体的检测，定期对井下设施巡查检修，定期进行风险分级管控及隐患排查治理。

4）改变采煤方法，采取新工艺，增加新设备，加大喷水量，设立专职瓦斯检测员并配备便携式气体检测仪，严禁在有毒有害气体超限情况下作业。

32. 某煤业有限公司“5·26”较大窒息事故

2021 年 5 月 26 日 17 时，某煤业有限公司（本案例中简称煤业公司）11 采区北部越界采区轨道下山底部尾巷发生一起较大窒息事故，造成 4 人死亡，直接经济损失达 1 333.22 万元。经事故调查组认定，该事故是一起责任事故。

（1）事故经过

2021 年 5 月 26 日 14 时 10 分，班长李某某组织召开班前会，布置当班工作。15 时，作业人员陆续进入工作面，副班长冉某某进行分工。16 时，工作面开始采煤作业。16 时 40 分，班长李某某从工作面经上副巷离开。17 时，打完第 4 架超前抬棚后，魏某某未打招呼就独自离开。17 时 10 分，冉某从工作面去上副巷刮板输送机机头处取风镐后离开。17 时 25 分，在下副巷工作的刘某、李某听到冉某在轨道下山下副巷求救。17 时 30 分，冉某某带人将班长李某某抬走时，又听有人呼喊说还有人。于是冉某喊上王某、徐某进去救人。冉某跳下工字钢后立马栽倒，王某也从工字钢上栽了下去，徐某见状在外退时昏倒，后续赶到的人员向外拉徐某时，感觉呼吸不畅，便呼叫人员向事故地点接压风管吹风。17 时 40 分，徐某经抢救苏醒。17 时 50 分，魏某某、冉某、王某被抬出。18 时，3 人被运到上副巷刮板输送机机头附近进行施救，包某向调度室报告了事故。

（2）应急救援

2021 年 5 月 26 日 18 时，调度室主任王某某接到井下事故报告电话，立刻向上级报告。张某安排李某某及安全副总经理汪某、机电副总经理赵某及矿救护队队长靳某下井救援。18 时 30 分，确认 4 人已无生命迹象。20 时 08 分，4 名遇难人员从副井升井。事故发生后，公司法定代表人对事故进行瞒报，直至 6 月 8 日 12 时，才去公安局投案自首。

（3）事故原因

1）直接原因。11 采区北部越界采区轨道下山坡度达 20°，工作面下副巷底板高于轨道下山底板 1. 4 米，轨道下山尾巷附近微风无风，致使尾巷内氧气浓度过低，二氧化碳浓度升高，魏某某进入 11 采区北部越界采区轨道下山底部尾巷低氧高浓度二氧化碳区域导致窒息死亡，李某某、冉某、王某违规冒险施救导致事故扩大。

2）间接原因

①煤业公司矿井违法越界开采，未经允许在可允许采掘范围外组织生产，并且在图纸资料上不显示采煤工作面，采取违规手段蓄意逃避安全监管。

②矿井通风管理混乱，通风系统不完善、不可靠，11 采区北部越界采区没有进行通风系统设计，不按规定定期测风，没有及时发现轨道下山尾巷微风无风的隐患。矿井安全管理混乱，没有制定安全作业规程及安全技术措施，各级领导逃避责任，未能履行自己的岗位职责，未对作业人员进行合理的安全教育培训，致使作业人员安全意识淡薄、应急技能匮乏。

③煤业公司上级公司履行企业主体责任不到位，没有按照规定对煤业公司进行管理，对煤业公司瞒报事故失察。

④当地政府部门监管不力，对煤业公司违法越界开采失察，履行安全生产监管职责不到位，安全管理力度不够。

（4）事故启示

煤矿开采属于地下作业，不安全因素极多，作业人员易受多种危害影响，人员窒息正是其中之一。井下独头巷道内通常会积聚大量瓦斯、二氧化碳等有害气体，从而降低空气中氧气浓度，致使人员窒息死亡。在本案例中，企业违规开采，对危险区域熟视无睹，致使二氧化碳气体积聚造成事故。这起事故的背后，不仅是作业人员粗心大意，更有企业的失职，这也启示着作业人员平时在作业时必须加强个人防护，避免长时间暴露于危险区域之内，防止因企业失职致使自己失去生命。

(5) 事故预防措施

针对煤矿井下窒息事故，可以从以下几个方面进行预防。

1）加强通风，保证井下各通风点有足够的新鲜空气。矿井要改善通风系统，加强局部通风，禁止随意关闭通风设施。

2）矿井采空区以及报废巷道必须及时关闭，设置警告标志，禁止作业人员擅自进入，加强管理。必须重视窒息事故，在使用甲烷检测报警器、一氧化碳测定器等设备检测气体时，必须使用氧气测定器检测氧气含量。

3）严格控制巷道通风状态，预防微风或不通风现象。遇到地质构造发生变化的地段，必须采取相应安全技术措施。

4）加强作业人员安全教育，制定完善的应急预案，配齐通风监测仪表，强化技术基础工作，确保作业人员正确使用劳动防护用品。

5）作业人员上岗前必须接受培训，作业时不得在井下随意乱跑，必须按照规程作业，时刻注意井下异常情况。

33. 安康市某生物化工有限公司“10·11”较大中毒窒息事故

2019 年 10 月 11 日 13 时 11 分左右，陕西省安康市某生物化工有限公司（本案例中简称生化公司）停产期间污水处理站絮凝混合池里发生一起中毒窒息事故，造成 6 人死亡，直接经济损失达 715 万元。经事故调查组认定，该事故是一起安全生产责任事故。

（1）事故经过

2019 年 10 月 11 日 13 时 02 分左右，生化公司负责留守污水处理站的看门女工唐某和工友汪某吃完午饭后，两人先后在院内走动。13 时 11 分左右，唐某走到絮凝混合池，擅自打开没有安全防护措施的污水絮凝混合池帘子并向里张望，不慎坠入池中。汪某见状立刻向隔壁生产厂区方向呼救，并给厂长郭某打电话报告。隔壁生产厂区留守看厂人员吕某、张某、李某等人听到呼救后赶往污水处理站，汪某打开污水处理站大门，吕某、张某、李某等 5 人先后进入污水处理站絮凝混合池对唐某进行施救，造成事故扩大。

（2）应急救援

事故发生后，安康市委、市政府高度重视，市委书记、市长第一时间赶到现场指导工作。现场成立应急指挥部，组织市消防救援支队和高新、恒口消防救援大队共 50 余人，调动消防车辆 7 辆，以及恒口示范区中心医院医护人员 20 余人、示范区机关和镇村干部 60 余人，对遇害人员迅速展开救援。截止到 2019 年 10 月 16 日中午，在将死者安葬后，应急救援及善后工作结束。

（3）事故原因

1）直接原因

①生化公司因原材料短缺停产，污水处理站的净化装置设备关闭停运，絮凝混合池上新增设的玻璃钢密封罩棚造成池内硫化氢等有毒有害气体积聚。

②生化公司女工唐某未严格按照有限空间作业要求，擅自进入有限空间，导致事故发生；其他员工李某、吕某等 5 人在没有佩戴劳动防护用品的情况下盲目进入池中施救，致使事故扩大。

2）间接原因

①生化公司主体责任落实不到位。公司安全生产管理制度不完善，没有有效开展有限空间辨识并建立台账，没有制定有限空间作业方案，没有严格执行作业审批制度，现场没有设置有毒有害气体报警器，劳动防护用品配备和管理存在漏洞，隐患排查、巡查检查、应急演练和教育培训等工作落实不到位。

②相关监管部门安全监管不力。当地政府部门没有对辖区内工业企业认真开展安全生产监管工作，没有对辖区监管对象开展风险管控和隐患排查治理工作，对相关隐患失察。当地应急管理与市场监管部门履行职责不到位，落实安全生产工作不到位。

（4）事故启示

有限空间主要是指封闭或部分封闭、与外界相对隔离、出入口较窄、作业人员不能长时间在内工作、通风不良、易造成有毒有害气体积聚或氧含量不足的空间。有限空间作为一种危险性较大的特种作业，在各大行业广泛存在，常见的危害主要包括中毒窒息、人员被困及火灾爆炸等。本案例就是发生在有限空间中的中毒窒息事故，作业人员擅自进入有限空间导致事故发生。这启示着各企业在日常工作时必须严格监管有限空间，禁止无关人员擅自进入，作业人员在进入有限空间时必须做好个人防护，否则一旦发生事故，后果将不堪设想。

(5) 事故预防措施

1) 应在有限空间区域外设置安全警示标志，在作业开始前必须做到“先通风、再检测、后作业”，禁止在没有做好隔离的有限空间内开展作业，对有限空间检测不合格禁止作业。

2) 必须对有限空间作业人员进行有限空间安全培训，培训不合格人员禁止上岗。制定好应急措施，现场应配备足够的应急装备，一旦发生事故，禁止盲目施救。严格执行作业审批制度，没有经过许可，严禁无关人员进入有限空间内。必须设置专人进行监护，作业期间严禁擅离职守。

3) 进入有限空间时必须佩戴隔绝式空气呼吸器，或佩戴氧气报警器和过滤式空气呼吸器，应携带有效的通信工具，系好安全绳，禁止没有做好防护的人员进行有限空间作业。

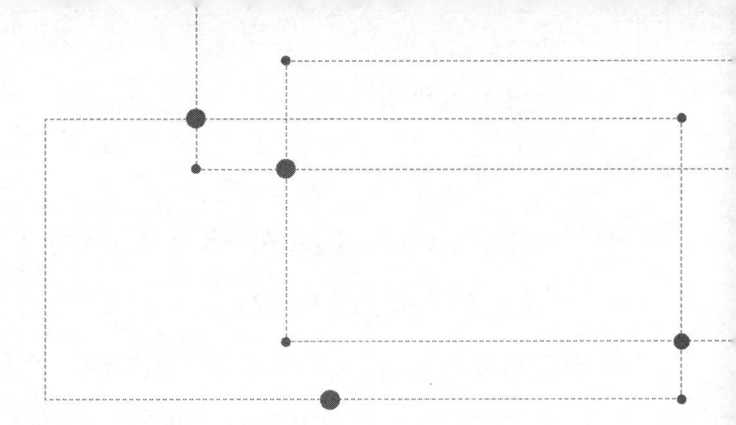

第 11 章

其他伤害事故案例分析

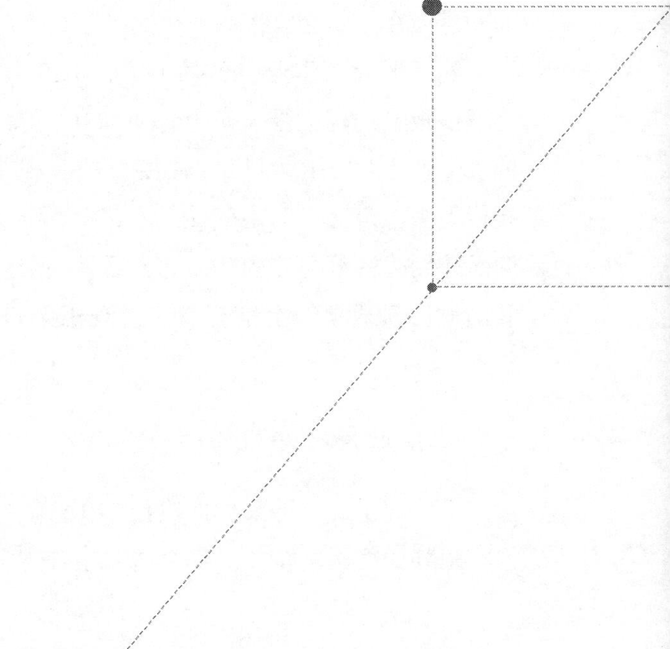

34. 常宜高速公路 CY-CZ2 施工标段“3·27”滑倒事故

2019 年 3 月 27 日 14 时许，位于常州至宜兴高速公路 CY-CZ2 施工标段太滆河南侧的水上施工平台上发生一起其他伤害事故，造成 1 人死亡，直接经济损失达 95 万元。经事故调查组认定，该事故是一起安全生产责任事故。

（1）事故经过

2019 年 3 月 27 日 14 时许，天长市某建筑劳务有限公司（本案例中简称劳务公司）作业人员王某、苏某根据班长陈某的安排，在常州至宜兴高速公路 CY-CZ2 施工标段太滆河南侧水上施工平台上作业，王某半蹲在 B10 号墩立柱模板的南侧清理模板上的保温层，苏某站在 B10 号墩立柱模板西侧安装模板。作业时 B10 号墩立柱模板的一根支撑槽钢突然断裂，模板失去稳定性，向南侧滚动，王某后退避让时，脚下打滑，仰面摔倒，后脑与后颈部撞到身后另一个立柱模板的支撑槽钢后倒地。苏某立即上前查看，发现王某口鼻流血，处于昏迷状态。

（2）应急救援

事故发生后，苏某立即拨打 120 急救电话，救护车赶到现场将王某送往医院抢救。16 时左右，王某经抢救无效死亡。

(3) 事故原因

1）直接原因

①立柱模板放置不规范。立柱模板的支撑槽钢主要供后期安装立柱模板操作平台使用，而非用于稳定立柱模板。模板横放时，应当在模板底部加塞方木，以保证其稳定性。事发前，现场的立柱模板下未放置防滚动方木，安全防护措施不到位，存在事故隐患。

②作业现场环境不良。事发当天下午有小雨，作业场所地面铺设钢板，附着泥水后较为湿滑。

③作业安全意识淡薄。王某安全意识薄弱，未考虑到身后立柱模板上的支撑槽钢距离自己很近，具有一定的危险性，最终导致后退避让滚动的立柱模板时，脚下打滑撞到身后的支撑槽钢。

2）间接原因

①作业现场安全管理及隐患排查不到位。劳务公司现场安全管理不到位，未督促作业人员严格按照规定给横放的立柱模板设置防滚动方木，在作业现场环境不良的情况下，未进一步加强日常巡检，导致未及时发现 B10 号墩立柱模板落地的一个支撑槽钢焊缝已疲劳损坏，存在断裂危险。

②劳务公司对作业人员安全教育培训不到位，致使作业人员对作业现场危险因素的辨识能力及安全意识较弱。

(4) 事故启示

多数工作场所发生事故往往是作业人员对现场危险因素识别不足导致的，除此之外，作业人员粗心大意、手忙脚乱致使跌倒、滑倒、摔倒，也可能导致事故发生。造成此类事故的原因常包括地面湿滑、工作区域杂乱、照明不良或没有采取防护措施等。在本案例中，作业人员在慌乱中滑倒致死。这就启示企业不仅需要注重作业人员作业过程中的安全，还应给作业人员创造良好的工作环境，这样更有利于提高作业质量，还能使作业人员身心健康得到保障。

（5）事故预防措施

作业人员跌倒、滑倒等事故的预防措施主要包括以下方面。

1）创造良好的作业环境。物料堆放整齐有序，疏散逃生通道要保持畅通，要保障良好的作业照明条件，做好工作场所地面防滑措施，设立必要的防滑安全标志。

2）作业人员要做好个人防护，穿戴好劳动防护用品，如安全帽、防滑鞋等。

3）培养和增强安全意识，减少惊慌失措行为，提高应急能力，在日常作业时要关注作业环境存在的危险因素，并及时消除。

4）进行高处作业时，不可忽视高处作业的危险性，做好防护措施，佩戴安全帽、系好安全带等，使用梯子或在平台作业时应做好梯子或平台的固定措施。

35. 某野生动物园“10·17”动物伤人事故

2020 年 10 月 17 日 16 时 30 分左右，某野生动物园猛兽区发生一起其他伤害事故，造成 1 人死亡，直接经济损失达 260 万元。经事故调查组认定，该事故是一起安全生产责任事故。

（1）事故经过

2020 年 10 月 14 日，野生动物园景观建设部根据动物管理部猛兽区（熊区）挖掘机翻土除草作业申请，安排外包单位到猛兽区（熊区）翻土除草。10 月 16 日 8 时 30 分左右，野生动物园猛兽区班长季某驾驶斑马车引导外包单位挖掘机驾驶员徐某某驾驶挖掘机进入猛兽区（熊区）实施翻土除草作业。野生动物园季某、闵某某、朱某某轮流在斑马车内进行作业监护。10 月 17 日 8 时，徐某某驾驶挖掘机进入猛兽区（熊区）进行翻土除草作业。季某、闵某某、朱某某再次轮流在斑马车内进行作业监护。16 时 30 分左右，徐某某离开挖掘机驾驶室到挖掘机右侧查看车况，坐在斑马车内负责作业监护的朱某某看到徐某某违规下车情形后，也违规下车并走向徐某某提醒其回到挖掘机驾驶室。当时斑马车和挖掘机周边有少数棕熊，朱某某在提醒徐某某后返回斑马车过程中，被一头快速窜出的棕熊扑倒撕咬，随后多头熊聚拢一起撕咬朱某某。

（2）应急救援

挖掘机随车驾驶员徐某某见状后欲驱赶棕熊施救，此时，更多棕熊聚拢过来，徐某某撤回到挖掘机驾驶室内，拨打了 110 电话，并打电话向外包单位项目经理沈某报告了事故情况。16 时 35 分左右，沈某将事故情况报野生动物园李某某。季某接到李某某的电话后，驾驶斑马车于 16 时 36 分左右赶到猛兽区（熊区）事发点并用斑马车驱赶棕熊，同时报告野生动物园动物管理部经理谢某某，并通知猛兽区其他岗位人员驾驶斑马车赶到现场救援。16 时 39 分左右，谢某某率领兽医、饲养员等近 20 人赶往熊区救援，共组织 5 辆斑马车、1 辆牵引车、1 辆高压洒水车和 1 辆大型挖掘机驱赶熊群，并将朱某某带出猛兽区。

（3）事故原因

1）直接原因。朱某某在熊区履行除草作业监护职责的过程中，违反规定下车，遭棕熊攻击导致死亡。

2）间接原因

①徐某某在猛兽区（熊区）除草作业过程中违规作业。

②外包单位进入猛兽区除草作业前未根据现场条件制定安全施工方案，安全风险告知交底不规范。

③野生动物园未落实安全生产主体责任，规章制度执行不严，未督促检查外包单位制定并上报安全施工方案，未按合同约定履行安全施工方案审查审批职责，未及时发现并制止作业监护人员和外包单位挖掘机驾驶员的违规行为。

（4）事故启示

本案例展示了在动物园内进行有关作业时，人员因违规作业导致被动物伤害的情景。动物伤人多见于动物园、野外作业等，许多工程施工作业位于偏远地区，在作业过程及工余时间，存在野生动物伤人的可能性。若人员遇到野生动物不懂得如何自救与急救，可能会有生命危险。此外，企业应落实主体责任，作业人员切勿放松警惕而忽视动物的兽性，在任何时候都要居安思危，有忧患意识。

(5) 事故预防措施

1）作业人员在园区内进行作业时，应加设一些防护设施将动物与人隔离开来，阻止动物进入作业区域和场所。

2）管理员应贯彻落实安全要求，落实安全生产责任制，及时制止不规范的作业行为，定期对现场进行隐患排查治理，防止因防护设施老化致使动物与人直接接触。

3）在野外作业时，应做好警戒工作，避免单独作业。若遇野生动物袭击，应避免惊慌失措，并冷静思考如何自救、求救，尽量不要激怒动物。在平时生活中，应加强体能锻炼，增强心理素质，避免遭遇袭击时无法做出应急反应。

4）作业人员需要具备较强的安全意识和安全知识，了解作业过程中动物伤人的危险性，做好个人防护措施，认真观察四周，随机应变，掌握自救与急救知识，在遭到动物袭击后懂得如何求生。

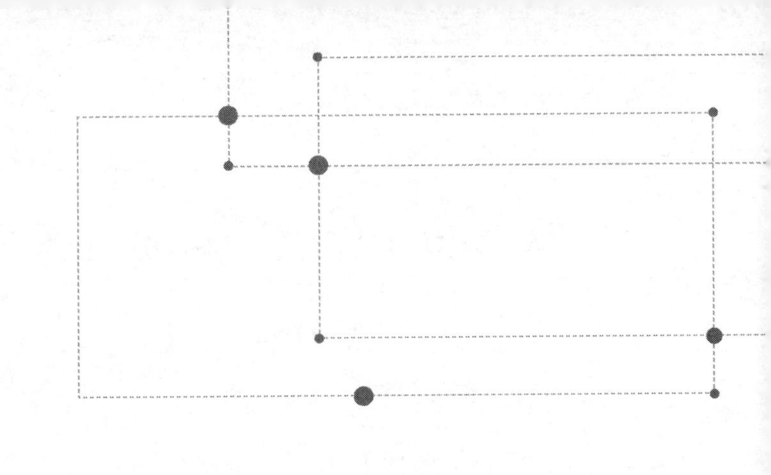

第 12 章

自然灾害引起的安全生产事故案例分析

36. 渭南市合阳县“1·10”道路交通事故

（1）事故简述

2020年1月10日7时45分左右，位于陕西省108国道合阳县境内九龙大桥上发生一起因大雾冰雪天气造成的道路交通事故，造成3人死亡，直接经济损失达814万元。

1月10日4时30分左右，白某驾驶重型半挂牵引车在渭南市临渭区某物流公司装完快递货物后，沿108国道向韩城驶去。7时45分，因白某在路面湿滑情况下操作不当造成重型半挂牵引车失控，发生侧滑，牵引车停于第二车道。大约5分钟后，李某驾驶的重型仓栅式牵引车行驶至合阳县九龙大桥中段时，撞上因事故迫停的重型半挂牵引车。大约8分钟后，席某驾驶的重型仓栅式货车因路面结冰湿滑来不及反应，又与李某驾驶的重型仓栅式牵引车碰撞。该事故造成席某、李某及乘坐人赵某当场死亡，白某受伤。

相关资料显示，事故发生时该县当天最高气温仅3 ℃，最低气温达-1 ℃，白天为雨夹雪天气，伴有西风，路面湿滑，局部路面结冰，大雾。

（2）事故原因

1）直接原因

①司机白某因大雾及冰雪天气，局部路面结冰，操作不当致使车辆失控与护栏发生碰撞，致重型半挂牵引车无法行驶而

占用行车道，没有及时采取有效警示措施提示后方车辆避让。

②后车司机李某、席某遇大雾及冰雪天气疏于观察，超速行驶，操作不当撞上前车，致使被困于车内，无法采取相关措施。

2）间接原因

①驾驶员所属物流公司安全生产责任落实不到位，对驾驶员安全教育培训不到位，对车辆日常安全管理不到位。驾驶员安全驾驶意识不足，面对突发情况处置不当。

②合阳县公安局交警大队王村中队没有认真履行相关规定，巡查民警没有严格按照雨雪雾天气勤务方案对辖区管理做到全覆盖。

③合阳县农村公路服务中心对路面安全管护责任落实不到位，没有根据天气状况及时进行除冰作业。

④合阳县交通运输局道路事故隐患排查治理监管不到位，监督检查不力。

（3）事故启示

大雾、冰雪天气行车始终是冬季道路交通事故的高频诱因之一。根据《中华人民共和国道路交通安全法实施条例》第四十六条第三款及第四款的规定，机动车在遇有雾、雨、雪、沙尘、冰雹且能见度在 50 米以内及在冰雪、泥泞的道路上行驶时，最高行驶速度不得超过每小时 30 公里，其中拖拉机、电瓶车、轮式专用机械车不得超过每小时 15 公里。在本案例中，白某驾车出事后，后面两车违反规定超速行驶，导致事故恶化。这就启示驾驶员在大雾、冰雪天气下行车时一定要仔细观察周围环境，严格按照有关法律法规驾驶，避免在此类天气下出现事故。

(4) 事故应急措施

针对此类事故，可采取的措施如下。

1）驾驶员在开车前应仔细检查轮胎气压，并将胎压维持在厂家规定的水平；定期检查轮胎磨损情况，若出现鼓包，应及时更换新轮胎。企业应对驾驶员进行安全教育，不得录用无证人员，及时检查车辆设备情况，确保车辆设备处于正常状态。

2）行车过程中驾驶员必须按照规定速度行驶，不得超速，禁止疲劳驾驶、酒后驾驶，必须同前车保持安全车距，应平稳驾驶、缓加油、巧减速、慢转向、巧妙上下坡、多预见，应根据行道树、路标等判明行车方向，沿道路中心或积雪较浅处行驶。

3）出现路面结冰等现象时，当地有关部门应及时清理路面积雪等，加强管理与检查，尽早备齐应急物资，随时做好救援准备。

4）机动车行驶在高速公路过程中遇到雾、雨、雪、沙尘等低能见度气象条件时，应按照《中华人民共和国道路交通安全法实施条例》第八十一条的规定，在能见度小于 200 米时，开启雾灯、近光灯、示廓灯和前后位灯，车速不得超过每小时 60 公里，与同车道前车保持 100 米以上的距离；能见度小于 100 米时，还应开启危险报警闪光灯，车速不得超过每小时 40 公里，与同车道前车保持 50 米以上的距离；能见度小于 50 米时，除开启上述灯光外，车速不得超过每小时 20 公里，并从最近的出口尽快驶离高速公路。

5）雨雪天气机动车行驶过程中发生轮胎侧滑时，应立即松开制动踏板，同时迅速将方向盘朝侧滑的一边转动，禁止采取紧急制动；在转弯时发生打滑现象，应放开加速踏板，轻轻踩下制动踏板，然后再将方向盘转向相反方向。

6）机动车在道路上发生故障或交通事故，妨碍交通且难以移动时，应当按照规定开启危险报警闪光灯并在车后 50 米至 100 米处设置警告标志，夜间还应当同时开启示廓灯与后位灯。

37. 陕西某黄金矿业有限公司“10·8”泥石流事故

（1）事故简述

自 2021 年 8 月以来，陕西多地出现暴雨天气，特别是 2021 年 9 月 15 日至 10 月 6 日接连出现 3 次暴雨，暴雨最短间隔时间仅 2 天。宝鸡市自 2021 年 1 月 1 日到 2021 年 10 月 10 日，平均降水量达 853.3 毫米，秋淋期（8 月 30 日至 10 月 10 日）以来全市平均降水量达 438.8 毫米，较常年多 2.3 倍。2021 年 10 月 3 日至 10 月 4 日，太白县单日降水量突破 10 月历史极值，为 1953 年以来同期最高值。

2021 年 10 月 8 日，陕西省太白县太白河镇的某黄金矿业有限公司（本案例中简称矿业公司）采矿区域山体发生泥石流，随后泥石流灌入 1337 矿坑，涌入土量超过 4 000 立方米，导致4名作业人员被困。1人在事发当天被救出后不幸遇难，其他3人虽陆续被搜救人员找到但不幸死亡。

（2）事故原因

1）直接原因。连续多日暴雨致使太白县出现泥石流，导致土石灌入矿井造成事故。

2）间接原因。矿业公司没有针对暴雨天气做出相关防范措施及应急预案，导致作业人员安全防范意识不足、应急能力欠缺。

（3）事故启示

突发的地质灾害常常是造成安全生产事故的原因之一，常见的地质灾害有滑坡、崩塌及泥石流等。在矿山、隧道开采挖掘过程中，地质灾害会对该地区的土地、树木植被等造成破坏，使土质层变得松软垮塌，此时倘若出现暴雨天气，将会导致土壤被冲刷掉而后随雨水剥离、滑落，造成事故。本案例就是因为当地连续多日暴雨造成土壤被冲刷引起泥石流涌入矿井中，致使事故发生。这启示着企业和个人，在大雨天气进行施工作业时必须及时关注天气状况，做好相关应急预防及准备工作，不能对相关自然灾害掉以轻心，否则事故一旦发生，将会造成巨大损失。

（4）事故应急措施

针对此类事故，可采取的措施如下。

1）在煤矿开采过程中，首先要制定明确的开采方案，且开采方案必须以保护矿山周围的地形、地貌为前提，在完成矿山开采后必须对矿山空洞及时进行填埋并设置警示牌。

2）矿山开采前需要对土地进行深层挖掘工作，不能对地下水层造成污染。在挖掘过程中，必须注意高陡边坡防治问题，需要按照国家规定的挖掘和修建数据规定进行相关工作，不能为了赶工期违背“先扩帮，后开采”的顺序。

3）加强矿山开采监察预报工作，及时观测天气状况及土层数据，发现问题及时报告并通知相关人员撤离。时刻做好应急准备，配备应急物资，加强应急演练工作，做好安全教育培训，提高作业人员应急能力及操作技能。

4）对开采得到的矿山固体废弃物必须及时清理，避免长时间堆积。对于土质疏松部位，必须进行土质强化工作，可以根据情况修建抵挡大坝等减轻泥石流的作用力。

5）遭遇事故时，作业人员应按照应急演练内容及时撤离，无法安全撤离的人员应保护好自己，合理进行求救，放平心态，不能放弃对生的渴望。

6）事故发生后，企业应迅速做出应急响应，及时向有关部门报告，不得瞒报。企业应迅速组织应急救援队伍进行救援，及时向被困人员传递维持生命的物资，科学进行救援，避免二次事故发生。

38. 某客轮“6・1”翻沉事故

（1）事故简述

2015 年 6 月 1 日 21 时 32 分左右，重庆某轮船公司所属客轮由南京开往重庆，航行至湖北省荆州市监利县长江大马洲水道时翻沉，造成442人死亡。事发后，党中央及国务院高度重视，迅速组织事故调查组进行调查。多名专家分析发现，在6月1日21时至22时，客轮航行水域上空出现飑线天气系统，伴有下击暴流、龙卷风、短时强降雨等局地性、突发性强对流天气，瞬时极大风速达每秒32~38米，风力12~13级，1小时降雨量达94.4毫米，其中1分钟最大降雨量达2.6毫米。

（2）事故原因

经事故调查组认定，导致轮船翻沉事故的直接原因是客轮航行中遭遇突发罕见的强对流天气带来的狂风暴雨。客轮本身并不具备充足的抗风压倾覆能力，经过三次改建后风压稳性衡准数逐次下降，虽然符合规范要求但难以应对此种天气。客轮上当班大副对极端恶劣天气及其危险性认知不足，在紧急状态下应对能力欠缺。船长在客轮失控倾覆过程中没有及时向外发出求救信息并向全船发出警报，致使事故发生时人员来不及撤离造成多人死亡。

（3）事故启示

水上交通运输是现代交通运输的重要方式之一，世界上90%的贸易量都是通过水路运输的。现今，由于新船舶的建造速度比老旧船舶的淘汰速度快，造成船舶数量过多，致使一些航道交通繁忙，水上作业频繁。这不仅加重了轮船公司和海事部门的监管压力，更使在极端天气下发生事故的频率大大提升。本案例就是船舶在极端天气下航行致使船舶倾覆，这启示着相关企业在预防事故方面，不仅要注意人的不安全行为和物的不安全状态，而且需要考虑海上或江河上环境问题，提前做好相关应急准备工作，防止突遇极端恶劣天气而措手不及造成人员伤亡及经济损失。

（4）事故应急措施

针对此类事故，可以采取的措施如下。

1）在船舶离港时必须做好相关预防措施，严格对船舶进行检查。船舶建造单位必须取得相关资格证书，做好审批制度，禁止老化、有危险隐患的船舶下水作业。

2）加强对作业人员的培训力度，提高安全生产知识教育水平，加强作业人员应急能力，强化作业人员水上技能教育；做好应急准备，船舶上必须配有救生圈、救生衣等应急物资，大型船舶应配备救生筏等应急工具。

3）在遇到恶劣天气时，船舶应及时进港避难，综合考量船舶特性及天气威胁程度，选择合适锚泊点，与其他船舶等保持安全距离，加强值守，防止走锚。

4）若船舶无法及时进港避难，船长应及时进行警报，并向有关部门求救，谨慎驾驶，指派专人监督并完成绑扎货物绳索的加固检查工作，保持水密门关闭，确保甲板落水孔、下水道等排水畅通，防止舱内进水。

5）遇见风暴等恶劣天气，可根据实际情况选择操作方法。例如，在航线上遭遇顶浪或偏顶浪时，可采用“Z”字航行方法；遭遇突风时，切忌盲目转向，应适当减速，保持船首向与风向夹角 20°~30°顶风滞航。

6）遇见大雾天气时，应尽量保持船舶不偏离规定航线，采用安全航速，打开驾驶台两侧门窗，按规定鸣放雾号。要充分发挥雷达等设备的优势，两船之间应保持足够的安全距离，追越时应采取谨慎态度，非必要不要追越。

7）遭遇极端恶劣天气时，应尽量避免船员落水事故发生，加强保暖，确保船上应急设备完好，尽量减少甲板作业。如果不得不作业，必须做好防护措施。

8）遭遇极端恶劣天气时，对船舶可能造成的搁浅、碰撞、火灾等事故应按照相关应急预案进行部署，尽力保证人、船、货安全，不到万不得已不能轻易弃船；如果不得不弃船，必须做好相关人员的安全防护工作，确保人员能安全登上应急工具，避免因工具分配问题出现争执，耽误逃生时间。